「最良だから最強」な
組織づくりの定石

株式会社 MAT コンサルティング
望月 広愛

はじめに

　本書は、私が小・中・大企業の社長として、そして同時に経営コンサルタントおよび、名古屋商科大学大学院におけるＭＢＡでの教育者として、約20年間、コンサルティング、講演、セミナー、研修、そして自ら外食業および流通業の経営を通じて体験した数え切れない事例を、経営学の理論的な進化をベースとしつつ、経営品質という考え方や体系に沿ってまとめ直し、整理したものです。

　本書の題名を『「最良だから最強」な組織づくりの定石』とした理由は、最強組織づくりとは、「Great」な職場づくりにほかならないからです。

　では、「Great」な職場とはいったいどんな職場なのでしょうか？「Great」という言葉は、なかなか日本語に訳すことはできないのですが、簡単にまとめれば、明るく、楽しく、コミュニケーションがよく、時には互いに厳しく、そして成果がしっかりと出続けるような組織です。

　この15年間、私はそのような組織づくりに奔走してきました。そのプロセスについては、これまで『超顧客満足主義』（同友館）、『文句ばかりの会社は儲からない』『ありがとうの力』（生産性出版）などの書籍として出版してきましたが、到達点をイメージできずにいました。

　しかし、自らの経営者としての経験と苦労の積み重ねと、市場環境、社会環境の変化とともに、「A Great Place to Work」という言葉に出会ったことで、到達点の方向性が明確となってきました。本書はその経営者としての到達点ともいえるものを理論と実践の両面からとりまとめたものです。

これまで経営品質という考え方に出会い、数え切れないほどのすばらしい経験をした中で、初期の頃のすばらしい経験は、私が株式会社三和総合研究所に勤務していた頃、質の高い手づくりバッグの製造・販売を手がける株式会社イビサが１９９８年度の日本経営品質賞を受賞するに至るまでのコンサルティングをさせていただいたことです。

当初同社は、吉田茂社長（当時）が先頭に立って牽引していました。しかし、社員やパートなどスタッフ一人ひとりが、日本経営品質賞のアセスメント基準に出会い、賞への挑戦を進めるうちに、会社の風土は大きく変わっていきました。１９９９年2月、８００人ものビジネスリーダーが集まり、熱気に包まれた日本経営品質賞受賞企業報告会という大舞台で、工場や、販売の第一線で働くみなさんが行った感動的なプレゼンテーションは、今思い出しても色あせることはありませんし、その感動的なシーンを今でも忘れることができません。

クライアントの従業員のみなさんが成長する姿を見て、思わず感動してしまい、まさしく涙が出て止まらないほどのすばらしい体験をしました。この満足感を胸に、同月株式会社三和総合研究所を退社し、２００５年度の日本経営品質賞を受賞することになる株式会社Ｊ・アート・レストランシステムズ（現株式会社Ｊ・ＡＲＴ）の社長として、自分自身で会社経営を実践することになりました。しかし、そのことが、どれほどの泥沼であり困難を極める道筋になろうなどということは、39歳の私にはまったく知るよしもありませんでした。

さて、経営品質という言葉を初めて知ったのは1993年頃のことです。この頃の私はCS（顧客満足）を高めるためのコンサルティングや、戦略的なマーケティングを主な仕事としていましたが、顧客満足という概念の背景には、もっと深い体系があるのだということを知りました。それが経営品質という考え方です。

受賞を目指すことはとても良いことだと思いますが、経営品質の理解を深めることの真の目的は、本書のテーマでもある「Great」な職場づくりです。

日本経営品質賞に挑戦するということの一番の目的は、自分の所属する組織が、より魅力ある職場に変革し、一人ひとりが仕事そのものにやりがいを感じ、そして毎日出勤することが楽しくて仕方がないほどの風土に変わり、成果が上がり続けるような好循環サイクルをつくることにあります。ただし、それは精神論で成し遂げられるほど簡単なことではなく、コツコツと経営の仕組みづくりを正しい手順で進めていくことが求められるのです。その道筋を的確に示してくれるものが、日本経営品質賞のアセスメント基準です。

これまで15年間、私は実際に社長として経営革新を実践してきました。数え切れないほど味わった辛酸と苦労に裏付けられた、経営品質の話を聴かせてほしいという声をいただき、数多くの講演や研修をさせていただきました。しかし2時間程度の講演ではとても十分な説明ができません。また、非常に嬉しいことに、セミナーの後に回収させていただいたアンケートに、さらにもっと詳しい話を聞きたい、ぜひこれまでの経験を、さらに理論に裏付けられた実践や体験を本にしてほしいというご意見も多数いただきました。

私も56歳を超え、青年経営者ではなくなりました。そこで、次世代のみなさんに少しでもお役に立つことができればと、これまでの、小・中・大企業の経営者としての経験を盛り込んで、これまで出版した本の中身も吟味したうえで、内容を整理し、新たな気づきを加えたものをしたためたいと思っていました。

本書を通じて、これが経営品質のコンセプトを実践し、変革にあえぐ生々しい企業の姿なのだと感じていただき、経営品質の真髄や本質を多くの経営者や経営幹部、スタッフ、現場のみなさんにお伝えできればと思っています。

また、できる限り具体的な事例もご紹介させていただきました。これらの考え方をご理解いただきお役立ていただければと思う次第です。

後半の各項目は、読者のみなさんが朝礼や会議のテーマとして取り上げていただくことを考え短めの長さにしてあります。どうぞ気軽にご活用ください。

なお、本書でご紹介する2005年度日本経営品質賞受賞企業の株式会社J・アート・レストランシステムズは、イタリアンレストランからコーヒー業態などに戦略的な転換を図り、また、私が社長を兼任していた株式会社J・ARTと経営統合を図り、2015年現在、健全な経営を実践しているということを申し述べておきます。

平成27年5月

望月広愛

「最良だから最強」な組織づくりの定石

第2章 勝ち残るための仕組みづくり

第3章　経営学の発展にみる最強組織のつくり方の変遷——93

第1章

経営品質との出会い

新米社長、悪戦苦闘のはじまり

私は1999年～2008年の足かけ10年間、愛知県と岐阜県でイタリアンレストラン、餃子の王将（京都）のFC店、串揚げ店、そば屋、カラオケ、喫茶店、豆腐料理店、東方香辛料理店など、最盛期には合計20店を超え、さらに社員・アルバイトを入れると1000人を超える飲食店をチェーン展開していた会社の社長をしていました。

それ以前は、株式会社三和総合研究所（現株式会社三菱UFJリサーチ&コンサルティング）の東京経営戦略本部チーフコンサルタントとして、CS（顧客満足）向上や経営品質向上プログラムを中心テーマに据えた戦略コンサルティングの仕事をしていました。同時に日本経営品質賞本賞、新潟県や三重県など地方の経営品質賞の審査リーダーなども担当し、その後、2010年から2014年までは、売上高約430億円、店舗数33店、約2500人の従業員を有する、静岡県のスーパーマーケットチェーン株式会社静鉄ストアの社長・会長に就任しました。

日本経営品質賞については本書で詳しい説明をしますが、私が経営者として約15年間を過ごすことができたバックボーンには、この賞のアセスメント基準があります。この本質をたたき込まれていたからこそ、なんとか任務を遂行することができたと思っています。1994年頃からこの経営品質の推進活動に積極的に参画し、日本経営品質賞の手本となり米国を再生させた原動力と言われるマルコム・ボルドリッジ国家経営品質賞（MB賞）のアセスメント基準書の徹底研究や翻訳活動に関わりました。私が経営品質の真髄を染みこむように吸収することができたのは、このような経緯によります。

私は、大学卒業と同時にヤマハ株式会社に入社し、30歳を機に三和総合研究所に転職、経営コンサルタントという仕事をスタートさせたのですが、ろくに経営の経験もない30歳代のコンサルタントが、クライアントからすぐに信頼を得られたわけではありませんでした。

当時「お前たちの言っていることは机上の空論だ。そんなに偉そうなことばかり言うなら自分で経営してみろ」とよく言われたものです。

今でこそ、小、中、大企業の社長を15年以上経験し、さんざん辛酸もなめてきたので、面と向かってこのようなことを言われることはありませんが、若く、経営者としての経験がない頃には、このような言葉を何度浴びせかけられたかわかりません。

こうしたこともあり、いずれは実際に経営に携わってみたいと強く思うようになっていました。

そんなある日、クライアントのJ・ARTグループ、株式会社焼肉屋さかいを創業した会長（当時）の坂井哲史氏から「焼肉チェーン店は業績が好調だが、グループ企業の中には、設立間もないため基盤整備もできておらず、残念だがまだ大幅な赤字のイタリアンレストランがある。会社としては赤字でも有望な店舗もあるので、なんとかこの会社を店頭公開に向けて引っ張っていってくれないか」と声をかけていただきました。

当時、飛ぶ鳥を落とす勢いだった同グループには多士済々の人材が集まっていました。私も自分の力を試すには絶好のチャンスだと考え、グループ企業である株式会社ロッソえびすや（後の株式会社J・アート・レストランシステムズ、現在の株式会社J・ART）の経営に関わることになったわけです。

私は、経営品質のアセスメント基準や考え方を一通り身につけているという自負もありました。しかしそれよりも強く、経営者の道に進むように私の背中を押してくれたのは、米国・ワシントンD.C.などで毎年行われているクエスト会議という、MB賞を受賞した企業の報告会に参加する中で出会った、何人もの受賞企業経営者たちの光輝く、そして自信にあふれた笑顔でした。今でもあの時の米国の企業経営者たちの目の輝きを忘れることができません。

それゆえ、自分も経営品質のアセスメント基準と考え方に忠実にそった経営を実践しさえすれば、必ず業績は立て直せるに違いないと信じて、中小企業経営者の仲間入りをすることになったのです。

若いということはすばらしいことです。なにより恐れを知らないということは、無限とも思えるチャレンジ精神とパワーを生み出します。56歳を過ぎた今の私なら絶対にできないことです。

1999年3月1日、単身名古屋に乗り込んだのですが、当の会社は債務超過状態で借金が売上高を上回っており、元本の支払いも大変なほどだということがわかり愕然としました。しかし、ここで立ち止まってはいられません。最初から迷わず理念の徹底を進め、顧客アンケート、従業員満足度アンケート、そして後に説明する情報カードなどの仕組みを取り入れて定着させ、多方面の声を聞く体制をつくりました。結果はすぐに現れ、2000年3月期決算では業績が好転し、収支は大幅に改善、なんとか赤字から脱却できそうな光が見えてきました。

しかし、2000年4月25日、それも株主総会の前日に、突然社長を解任されることになります。この間、新店も好調に推移し、4億円だった売上は1年で14億円までになり、業容は好調に転じました。『月刊飲食店経営』『商業界』『戦略経営者』などの雑誌で会社のことが、大々的に取り上げられたことも手伝い、銀行・証券系ベンチャーキャピタル数社だけでなく個人投資家の方たちから、合計3億円もの資本調達をすることができました。これにより、出店資金も確保し、債務超過も脱却していました。

私の手元に、当時の商業界2000年5月号があります。この号のタイトルには『「21世紀の商売は俺たちに任せろ」〝守旧派を打倒する革新商人の経営手腕「全研究」〟』と書かれています。ここで8人の社長が紹介されていますが、代表的な数人を挙げてみると

- ファーストリテイリング（ユニクロ）柳井正氏
- 楽天 三木谷浩史氏
- グッドウィルグループ（コムスン）折口雅博氏
- 際コーポレーション（紅虎餃子房）中島武氏
- 六花亭製菓　小田豊氏

という具合です。大半は現在も成功している有名人ばかりです。

実はページ順でいうと7番目に「ロッソえびすや 望月広愛」と書いてあるのですが、皮肉にも

この雑誌は私が解任される直前に発売されました。

その後、私は2005年に日本経営品質賞の受賞企業の社長になりましたから、なんとかこの記事に対する責任を果たすことはできたと思いますが、解任された後、私がどれほど世間の笑いものになり、投資家の期待を裏切ったと罵られたかは察していただけると思います。

さて、ロッソえびすやはどうなったかというと、私の辞任と同時に、ある投資家の方が後任社長として就任したものの、わずか7カ月間で、坂道を転げ落ちるように業績が悪化してしまいました。

なぜこうなってしまったのか？　後任社長は、経営の質を高めるために私が取り組んだこと、すなわち時間がかかることを一旦すべて中止し、「売上を上げろ、人を減らせ、コストダウンしろ」とだけ言い続けました。しかし、従業員たちのモチベーションは大幅に下がり、数字だけで追い詰められることにプレッシャーを感じた社員の退職が止まらず、店舗運営もままならなくなって、顧客の店離れが顕著になり、組織の体をなさなくなってしまいました。

14億円程度あった売上は10億円にまで落ち込みましたが、固定費は急には削減できないので、赤字はいっそう膨らみ、4億円のマイナス分がそのまま当期赤字になり、再び大幅な債務超過に転落しました。普通ならここで間違いなく倒産です。

経営者が「売上を上げろ、人を減らせ、コストダウンしろ」と言うこと自体は間違っていないと思いますが、後任社長はそのための戦略もなく、これしか言わなかったことが大きな問題だったのです。

「売上を上げろ」ということは、子供にたとえれば「勉強の成績を上げろ」と言うことと同じです。しかし、それしか言わなければ、子供がまともに育つはずはありません。勉強も大切ですが、同時に人間性や人格をバランスよく高めていかなければ、そもそも親の言うことも聞かなくなり、成績はガタ落ちになります。この時は、まさしくこの子供の成長の例と同じで、組織が質的成長をしなくなり、それがスタッフのやる気を削ぎ、サービス品質、料理の質の低下につながり、客離れを起こし、売上が大幅に下がってしまうという悪循環スパイラルに陥ってしまったのでした。

私の知る限り、投資家の中には先を見据えたすばらしい方もたくさんおられますが、目先のお金儲けしか考えない方たちもたくさんいます。このような方たちに経営を任せた場合、あっという間に組織が負のスパイラルに陥ってしまう例を私はたくさん見てきました。

私はこのような考え方をする人たちを否定したり、批判したりするような立場にはいません。しかし、今までこのようなタイプの経営者や経営幹部にたくさん出会いましたが、こうしたリーダーの下で働く社員たちのハッピーな姿を見たことがありません。新聞報道によくあるように、社員たちは精神的に追い詰められ、ひどい場合は自殺に追い込まれてしまったりする場合さえ見受けられます。これは大きな問題であり、本書をしたためる動機としてこのような問題意識も大きなきっかけとなっています。

さらに、本書の根底に流れるテーマである「A Great Place to Work」を経営者が本気で実現しなければ、社員も、顧客も、そして会社もハッピーになることはなく、永続的な繁栄や、継続的な好業績などありえず、結果的に経営者そのものもハッピーになることなどないのです。

なぜ「Great」な職場づくりが大切になったのか

さて、後任社長が、わずか7カ月で突然退任してしまったため、2000年12月8日、私は再度社長として復帰することになりました。再登板してからの3年間は、まさに泥まみれの毎日でした。会社は大赤字のままで、私のアパート代も払えなくなり、社員と同じ寮に入って、5年後に安定的な黒字になるまでその部屋で暮らしました。

この間、社員たちに辞められてしまうと店が回らなくなるので、社員には週休2日を約束し、給与も下げず、ボーナスも支給しましたが、社長の私に休みなどありません。夜8時頃まで事務仕事をした後は、店舗で皿洗いや注文を取ったりしていました。疲れ果てて深夜12時頃に寮に戻ると、社員が玄関先で待っていて、近所のファミレスに連れ出され、不満をぶつけられたり、脅されたりしたものです。

それより頭の痛い問題は、売上以上に膨らんでいる15億円もの借金であり、中小企業経営者たちに課せられる個人保証です。私は再登板にあたって借金の保証人になっていたので、夜も眠れませんでした。

でも、これまで15年以上経営者をやってきてはっきり言えることがあります。それは、経営品質を高めるうえでの基本となる考え方を従業員と共有し、共感し、共鳴し、共振させていくことで、経営は必ず安定するということです。これにより、私自身、精神的にも肉体的にも大変楽になっていきました。

具体的には、経営そのものにも品質があるということを、最優先で社員やパート・アルバイトと共有し、共感してもらうよう全力投球しました。この「経営品質のアセスメント基準＝Greatな会社をつくるための基本設計図」に出会っていなかったら、債務超過で瀕死状態の会社の再建など、到底できなかったと思います。

ではなぜ、「Great」な職場づくりが大切なのでしょうか？

一般的に、外食産業も流通業も、効率的なオペレーションの追求によってリーズナブルな価格と品揃えを実現してきました。しかし昨今では、オペレーション力の強化による効率化が経営的に必ずしもメリットをもたらすとは限りません。チェーンオペレーション一辺倒で、低価格を武器に拡大を続けてきた、居酒屋やファーストフード店などのお店や会社がどうなっているかはみなさんがよくご存じの通りです。

チェーンオペレーションが良いから、あるいは安いからという理由だけで顧客が来る時代ではなくなってしまいました。

世間は、深夜の1人オペレーションなどという、効率を徹底追求した仕組みを褒めたりはしません。むしろ人間を機械のようにしか考えない企業を許さないのです。こうして「ブラック企業」というレッテルを貼られた会社の店が、フェイスブックやツイッターなどでさらに批判を浴び、結果的に閉店に追い込まれていることは周知の事実です。このような問題は、後段で述べる経営学の進化の中で、70年も80年も前に答えが出ているのにもかかわらずです。

現場で働く人たちは本当に頑張っているのに、オペレーションの効率化一辺倒では顧客がついてこない時代になっていることに経営者や幹部が気付かねばなりません。

そもそも、外食も流通も介護や看護・医療業界も、過去の歴史で従業員が余って困ったなどということは聞いたことがありません。ちなみに外食業界ではバブル崩壊後も店舗数の拡大が急速に進み、5年間で30％も増えた時期もありました。

しかしこの10年ほどで外食業界は市場規模が急速に縮小してしまい、現在では出店競争ではなく閉店競争になってしまっているくらいです。人の入れ替わりが激しい会社では、オペレーションの効率化を進めても生産性は上がらず、低価格で集客しようとしても客数は増えず、逆に粗利の低下によって、利益も出なくなり、店舗のブランド力も落ちていくという負のスパイラルに、業界全体が陥ってしまったのです。

同時期のスーパーマーケットは、外食離れした顧客層を吸収してきました。すなわち一般に「中食」「内食」とも呼称される惣菜・調理品・持ち帰り弁当などへ顧客がシフトしたのです。ところがここでも、結果的に外食産業が経験し、学習した同様の、負のスパイラルを引き起こす低価格競争、出店競争が未だ繰り広げられています。

外食業界同様、時給を上げても人が辞めてしまう、あるいは集まらないという状況は流通業界も同じです。介護・医療に至っては厚生労働省のガイドラインにより給与水準や医療・介護報酬が決められてしまい、もっと大変な状況にあります。

だからこそ、コスト削減のためのオペレーション力の改善一辺倒ではなく、むしろ、働く人が成長を感じられ、やりがいを感じ、顧客にも喜ばれ、その結果また良い人が定着し、良い人が集まり、生産性が上がり、しっかり利益が出るような魅力的な職場をつくり出せるマネジメント力が求められているのです。

私が経営者として、外食業界でもスーパーマーケット業界でも、最優先で取り組んできたポイントはまさしくここにあります。

外食や流通業界は半導体や自動車産業のような製造業とは違い、特色があれば、個人のラーメン店も、そば屋も、すし屋もしっかり元気よく生き残っています。その理由はスケールメリットが工業製品よりもはるかに小さいからです。

私の会社がある東京都品川区や大田区には町工場もたくさんありますが、製造業であっても独自能力を発揮している会社はいくつもあります。

業種・業態に関係なく小さいながらもどこにもないすばらしい会社、「Great」な魅力溢れるお店や職場はつくれるのだということを多くの会社が証明しているのです。

ただし、経験や勘に頼った経営だけで、厳しい時代を生き残れるような魅力的な会社ができるかと言えば、一部の感性の鋭い経営者を除いては困難です。会社を経営する誰もがよりどころにできる基本設計図こそが、ＭＢ賞や日本経営品質賞のアセスメント基準書なのです。

この経営品質向上の考え方を徹底していくうえで最も大切なことは、現場作業を標準化し、システム化を図ることだけではありません。それも重要ですし、必要なことではありますが、あくまで基本は顧客に喜んでいただける仕組みづくりです。なぜならば、顧客の「ありがとう」の声ほど、働くスタッフのやりがいを高めるものはないからです。

作業を標準化し、オペレーションのばらつきをなくし、均一なサービスを提供することだけでは顧客の喜びや感動は生まれません。働く側も仕事は楽しくなりません。アルバイトも含めた従業員一人ひとりが「自主性」と「創造性」「チームエンパワーメント（業務遂行について自主的な判断を委ねること）」に溢れた行動ができるようになることでこそ、顧客の感動や予期しない喜びの声が生みだされ、成長の実感を毎日のように感じることのできる魅力的で「Great」な職場になっていくのです。

大手のチェーン店が血道をあげている標準化の土俵で戦うのではなく、「自主性」「創造性」「チームエンパワーメント」によって、より質の高い商品とサービスが提供でき、結果として質のともなう成長が得られるような組織風土を私は目指しました。

そのために売り手の視点から顧客の視点へ、機能主義的発想から創造的発想へ、個人的プレーからチームプレーへ、大手のようなチェーンストア理論の発想からそれぞれの店が個性をもつ専門店のチェーン化へと、さまざまな発想の転換をしなければなりませんでした。

経営品質の基本的な考え方に基づく質の高いマネジメントが実現すれば、組織の質的成長がもたらされ、それによって顧客満足度が向上し、他社が真似のできない組織風土への転換を図ることができます。これこそが、私たち中小の外食業や流通業が生き残るための重要な成功要因なのです。

一見すると当たり前のことですが、このことはわかっていても、実行することはとても困難であり、ザルに水、砂に水を入れるかのごとく、たゆまぬ強い意志が求められるのです。それだからこそ、実際につくり出された良い風土は、他社が簡単には真似のできない独自能力となるのです。

解任!? そして会社は破綻状態

私が、株主総会の前日にいきなり解任を言い渡された話を書きましたが、後任社長は証券会社出身であり、株式公開に向けてはプロでした。結果としてその方との考えの食い違いから、一瞬にして追い出される形になってしまったのですが、その後会社は一気に破綻していきました。

後任社長の経営方針は、理念を前提とする「価値前提」ではなく、売上・利益を前提とする典型的な「事実前提」の経営でした。事実前提を基本に経営する人たちの企業評価の最重要指標は、1株当たりの純資産や1株当たりの利益です。それは、魅力ある組織などという価値観とはまるでかけ離れたものです。なぜならば株式公開時の株価は1株当たりの利益や純資産で決まってくるからであり、顧客満足度や社員満足度では株価を算定できないからです。1株当たりの利益を出すために最も手っ取り早い対策は、人員を減らし、コストダウンをすることです。これで簡単に目先の1株当たりの利益は上がり、それにともないレバレッジが効いた高い株価が期待できます。

一方、顧客満足度や社員満足度あるいは魅力ある組織づくりという、経営の質を高めるような活動は、漢方薬による処方のようなもので、収益改善との相関性は短期的にはなかなか見えにくく、短期的視野で外科的なリストラなどを行おうとするファンドや投資家の求めるものとは、往々にして対極に位置します。B／S（貸借対照表）、P／L（損益計算書）、キャッシュフローなどを拠り所とするファンドや投資家の発想からすれば、経営品質向上プログラムの推進がどのように収益改善につながるのかが、わかりにくいのです。

後任社長はバランスの取れた質のともなう成長ではなく、質は後回しにして、目先の収益に焦点を絞って収益改善を求めすぎたために、一気に負のスパイラルに陥り、わずか7カ月で会社は実質的に破綻してしまったのです。

再登板から泥沼の3年間

私が再度社長を引き受けた時点での財務状況は、単月の売上高1億円に対し、月次の営業赤字が3000万円という大変な状況になっていました。2001年1月期の年度決算は、売上高10億円に対し当期赤字4億円という惨憺たる状態でした。金融改革の真最中だったため、追い打ちをかけるように、一部の銀行は真っ先に貸付金の回収にきました。そんな中、一部の地域金融機関の方たちが、引き続き当社を支え続けてくれました。この時は地域金融機関の存在価値を本当に実感しました。

私自身も、悠長にきれいごとを言っていられない状況に追い込まれました。とにかく何とか倒産だけは回避しなければなりませんから、まず関連会社の株式会社J・ARTと本部機能を統合、16人いた本部社員を5人に削減し、現場の仕事ができる人たちは全員店舗で勤務してもらいました。一人も解雇はしませんでしたが、退社してしまった人は何人もいました。

私が社長に復帰してからの3年間、「自主性」「創造性」「チームエンパワーメント」という価値観の共有も共感もできなかった社員やアルバイトたちは自然と辞めていきました。

無謀にも日本経営品質賞に挑戦！

経営を再建するにあたって会社の土台にしたものが、「日本経営品質賞」のアセスメント基準を構成する8つのカテゴリーです。MB賞は米国の国際競争力復活を目的に、レーガン政権下の1987年、国家レベルの戦略プロジェクトによって創設されたものです。特筆すべき経営革新を実践した優れた企業が大統領から表彰される、権威ある国家賞です。

1980年代、日本企業が飛躍的に国際競争力をつけていった一方で、米国企業は低迷にあえぎました。この競争力低下の危機意識から米国企業の再興のためのアクションが起され、当時の日本企業の強さはQC（品質管理・カイゼン）にあるとし、QC・カイゼン活動の方法論や方針管理、統計的手法を駆使した問題解決法などが徹底的に研究されました。

それを契機に、国家戦略に基づく表彰制度として、顧客満足、社員満足と品質および生産性を同時に向上させ、卓越した成果が認められた組織を表彰するMB賞が誕生したのです。MB賞は2013年に25周年を迎え、確たる経営手法として、企業、医療、行政、教育分野の経営革新プログラムとして幅広く定着しています。

多くの経営者がこの賞に引きつけられた最大の特徴は、「顧客満足」と「社員満足」のバランスが優先され、企業や組織の質を「明確な基準」によって評価することを可能にしたことと、審査項目とその配点が毎年見直され、経営環境の変化に対応したフレキシブルかつ実践的な評価基準となっていることにあります。

この賞はISO（国際標準化機構）や医療機能評価のように一定基準を満たせば認証される性質のものではなく、最も卓越した企業が、毎年数社だけ表彰されるというものです。

そして、リッツ・カールトンホテルに象徴されるように、これまでこの賞を受賞した企業は、社会から高い評価を得ています。過去に受賞した企業と受賞していない企業を比較した調査がNISTという機関によって実施されているのですが、株価上昇率、営業収益増加率、売上増加率、利益増加率、従業員満足度の向上など主要な経営指標を、すべての受賞企業が、平均的な企業を大幅に上回っているというレポートが出されており、賞に申請したものの、受賞に至らなかった企業だけを見ても同様だという結果報告がなされています。

そしてついに2003年、日本の外食産業で初めてこの賞に申請し、2005年の受賞に至ったのです。当社だけでなく、多くの優良企業によってこのアセスメント基準の有効性はすでに実証されており、信頼性が高い「経営の虎の巻」だとも言えます。２０１１年には私が6年にわたりコンサルティングをさせていただいた「ねぎしフードサービス」、そして２０１３年には、「ワンダイニング」という外食2社が後に続くこととなりました。

私は、賞に申請することそのものが経営的に大きなメリットをもたらしたと考えています。自社の持つ仕組みの成熟度がどの程度のレベルなのかを客観的に評価してもらうことができますし、受賞できなくても挑戦の過程と結果を社員全員にオープンにすることで、経営システムや仕組みの変革に、大きなはずみがつきました。

もうひとつ、この賞には社会的に大きな意義があります。それは、仕組みの改善や風土改革に成功した企業の卓越性の秘訣が、広く社会に公開されていることです。優れたシステムや仕組みを持つ受賞企業が、成功した仕組みや改革の過程を公開してくれていますから、後に続く企業にとって経営革新の大きな道しるべとなります。

グローバルスタンダードのアセスメント基準

私が注目していることはさらに、この賞のアセスメント基準が、グローバルスタンダードだということです。企業のボーダーレス化が進む中、このアセスメント基準による客観的な評価は、国内企業のみならず、世界中どこにいっても通用するものであるということです。日本企業が世界で遅れていると言われ続けてきた社会的貢献や企業倫理、ダイバーシティマネジメント（多様性を認め、個人を活かすように仕事や人事制度を構築していくこと）などについても、国際的な水準をクリアするよう強く求められています。

また、経営品質レベルあるいは、経営品質の向上の過程をオープンにすることにより、全世界の投資家に対して、正しい企業活動の内容をＩＲ（情報開示）できるのです。この点で言えば、受賞企業でもある第一生命の「第一生命の絆」報告書（ＤＳＲ報告書）は企業の実態を正しく評価できるものとして注目されるべきものです。

当社は日本経営品質賞へ申請する際、アセスメント基準にそって、自社の経営の仕組みを約50ページにわたって記述した報告書を提出しました。まず自社のマネジメントを棚卸しするつもりで、２００２年の申請初年度は私が自分で書いてみました。自分で記述してみることによって、経営品質を向上させるために、そして永続的に卓越した業績を上げるうえで欠けていること、まだまだ必要なことが何かを改めて気づかされました。

また、この賞の申請プロセスがなによりすばらしいのは、特定の経営の手法が要求されていないことです。特定の経営理論や手法に偏らないように配慮されているので、自社が独自に編み出した手法も評価してもらうことができます。この点はＱＣとは大きく異なる長所です。

当初はこの賞に挑戦するにあたり、報告書の申請前に全店長と全マネジャーによる読み合わせを何回も行いました。

現在行っている仕組みやそれをさらに改善するための仕組みについてありのままの事実を記述さえすればいいのですが、多様な視点でチェックすると、私自身が思いも寄らないすばらしい仕組みがすでに存在していたり、機能していたり、できていると思っていたことが全然実行されていなかったりしました。これにより現場で実際にどのように業務が行われているのかという情報の共有化が一気に進みました。

また、セルフアセスメントはとても重要です。私の会社では日本経営品質賞のアセスメント基準書にある8つのカテゴリーに合わせて独自に作成した80項目のチェックシートを活用していました。1999年4月から四半期ごとに（社長を解任された空白の1年間を除いて）、2008年4月まで、足かけ10年間、社会保険を適用しているアルバイトも含め社員全員で、継続的にセルフアセスメントを実施しました。

おそらくこれだけの期間、アルバイトも含めてセルフアセスメントを継続した企業は非常に少ないと思いますが、後にこの仕組みは2011年の受賞企業となったねぎしフードサービスなどにも、そのまま活用され引き継がれていきました。

なお、経営品質活動はISOやQC活動をなんら阻害することはありません。ところが残念なことに、これらを別々の活動としてとらえ、それぞれの担当部門が、互いにコラボレーションできていない組織もたくさんあります。

この点で言えば、2009年度受賞企業「スーパーホテル」の関連介護事業会社であるスーパー・コートは、すばらしいコラボレーションを実践しています。

同社では、経営品質のアセスメント基準にそって全社的に俯瞰して課題を抽出し、その課題解決に向けてのPDCA（計画・実行・評価・改善）を回すため、評価指標をISOの監査項目に入れ込み、具体的なカイゼンをワークアウトというQC活動で実施しています。首尾一貫しているのです。

経営品質のアセスメント基準は、手法ではなくフィロソフィー（原則的な考え方）です。そもそもこの賞のアセスメント基準が公開されている理由は、それぞれの企業がこの基準を用いて自社の分析を行い、自分たちで改善や風土変革を実践していくことに資することが真の狙いなのです。

クオリティジャーニー ―経営品質の向上は終わりなき旅―

経営理念の徹底、すなわち価値観の共有・共感・共鳴そして共振は簡単にはできないものです。経営品質の向上は「終わりなき旅（クオリティジャーニー）」と言われています。果てしない旅を続ける時のゆるぎない信念を何に求めるのか。それは「正しいことを正しくやる」ということにしかありません。これが唯一、経営者としての私自身を支える心の拠り所にもなってきました。そうでなかったら、赤字を抱えた会社を再建できなかったし、ここまでやって来られなかっただろうと思います。

経営品質の向上に大切なことは、企業を評価したりアセスメント（評価）したりする手法やテクニックを身につけることではありません。フィロソフィーや理念を戦略および実行計画へ一貫性を持って落とし込み、きちんとＰＤＣＡを回す仕組みとして根付かせることができるかどうかにかかっています。

（1）経営の視点

バブル崩壊後、日本の中小企業の多くは、かつて経験したことのないような未曾有の構造変革の中で、もがき苦しみ続けました。規制緩和、価格破壊、これまで聖域とされていた終身雇用にメスを入れたリストラなど、構造変革の波は経験したことのないほど厳しいものでした。

そのような中、増収増益を達成した企業はいくらでもあります。これらの企業は、自ら市場を創造し、顧客の要求や期待に対応してきた企業であり、経営品質の高い仕組みをつくってきた企業です。

市場環境の変化に動じないためには、強靭な仕組みをつくり、経営幹部が従業員と一丸となった経営を進めるしかありません。

そもそも経営の目的は、顧客や従業員、社会に価値を提供し、みんなが物心ともに豊かになるということです。そのためには、顧客から見た独自の価値にこだわり、経営の要素をバランス良く整え、顧客満足と従業員満足、コスト削減・成長の三方両立を図ることに活路を見出すことが大切になります。経営品質のアセスメント基準の考え方はこれを可能とするものです。

（2）顧客満足とは

顧客の立場に立って満足度を調査し数値化したものが、顧客満足度です。これは質の向上をめざす経営手法の基本となる尺度です。

ＣＳに基づいた経営改革の運動が本格化したのは、１９９０年代初頭ですが、ＣＳを測定することは、自動車メーカー、ホテル、百貨店、航空会社、広告代理店、銀行、保険会社などに広く普及しました。

なお、日本生産性本部やＪ．Ｄ．パワー社などは第三者の立場から、そのインデックスを公表しています。

顧客本位は最強組織をつくるうえでの重要な柱の一つであり、顧客のあらゆる要求や期待に応えようとすることは何より重要です。それは、次項で述べる従業員満足のためにこそ顧客の感謝の言葉がとても重要になるからです。

社員のやる気を高めるためには、マニュアルにとらわれず、顧客とのコミュニケーションを強く意識した風土づくりが必要であり、商品・サービスの企画・設計・生産・提供・アフターサービスなど、どのプロセスにおいても顧客の要求・期待を取り込み、活かすことのできる仕組みを有することこそが、特に中小の外食業やスーパーマーケットなどのサービス業にとっては成功のカギとなります。

（3）過去にとらわれず根本的に変革する

私も全国各地から講演に呼ばれることが多いのですが、「景気が悪いから利益が出ない」「不況が続いているから売上が上がらない」など、どこへ行っても経営者のこのような言葉が聞かれます。

しかし、売上が低迷し利益が出ない原因の大半は、自分たちのマネジメント能力が低いことにあります。経営がうまくいかない原因を政府の経済政策が悪いからだとする発想では、マーケットが縮小していくこれからの市場環境において、企業の経営などできようはずがありません。

景気が良いからモノが売れ、利益が上がるという因果関係が必ずしも成立しない時代になり、景気が回復しても利益を上げられない会社が出てきているのです。これまでの成功体験や成功事例に頼っていたのでは、厳しい環境に適応できず、さらには倒産に追い込まれてしまうことになりかねません。

私は、まさしくこのことを実際に体験しました。マーチャンダイジング（価格や販売形態などを決定する際のプロセス）、店のコンセプト、メニューや味付け、価格などを根本的に見直して、顧客の嗜好の変化をとらえ、思い切って発想の転換をしなければならない場面に何度も遭遇しました。過去の成功にとらわれず、常に顧客の視点から根本的にビジネス・プロセスを変革していかなければならなかったのです。

変革のためには、経営には2つのスピードがあることを理解しておく必要があります。ひとつは外部環境が変化するスピードです。言い換えると、顧客の要求・期待や取引構造の変化など、自分たちではコントロールできない、周囲が変化するスピードです。

そして、もうひとつは会社の内的環境、すなわち組織の体質や風土が変化するスピードです。

外的環境と内的環境の変化を見続けていると、面白いことに気づきます。外的環境は、その状況において急激にスピードが速くなったり遅くなったりします。顧客の気持ちは変化し一日たりとも同じ日はないからです。

しかしながら、組織風土などのような内的環境は放置しておくと何も変わらないし、変わりたがらないので、変化のスピードがとても遅いのです。

この2つのスピードに着目し、素早い、かつ先を見据えた対応をしていくことが利益を生み出す大きなポイントとなります。

環境が変わるスピードよりも早く、内部環境や組織風土を変えることのできる会社・組織が勝者として生き残っていくと思います。逆に、外部環境はどんどん変わっているのに、社内の風土が変わりきれないような会社・組織は、顧客や社会から取り残され、いつかは滅びていくであろうことを強く認識すべきです。

常に外的環境の変化のスピードを注意しながら、それに先行する形で社内の風土や仕組みを変えていくことこそが経営者の仕事であり、そのためには、自分自身と組織風土の変革を恐れないことが大切です。

近年、コンビニエンスストアが凄まじい勢いで伸び続けてきましたが、その要因は、絶えず何が売れ筋商品で、いかにその商品を正確に品揃えするかを追求してきただけでなく、消費者の要求の多様化に対して、安心・安全への取り組みや、価値の高い商品の提供など、組織の内部環境を素早く変化させてきたからなのではないかと思います。

新日本スーパーマーケット協会が実施した2014年度の調査でも、スーパーマーケットよりもコンビニエンスストアの方が、品揃えも、品質も、安心感も上回っているという調査報告が出されているほどです。

「飽食の時代」と言われて何年も経過しましたが、商品が需要を超えて供給される社会が実現してしまったことで、顧客は自分が必要とする商品はすでにほとんど持っているし、自分が必要とするサービスもいつでも受けることができるようになっています。こういう状態の中でさらに消費を喚起しなければならないのだから、いままでの常識がそうそう通用しないのも当たり前のことなのです。

(4) 日本経営品質賞のアセスメント基準による経営チェックの有効性

「クオリティ」という言葉は日本語で「品質」と訳されますが、この漢字が与えてしまう印象から、品物の質をイメージしてしまうことが多いようです。

経営品質のコンセプトからすれば、クオリティは、企業そのものの質、マネジメント全体の質、製品の質、サービスの質など幅広い意味を含んでいます。そして、顧客の評価によってそのレベルは決められます。

品質の善し悪しは、テレビなど工業製品の場合であれば、性能や機能などで判断することができますし、ホテルなどのサービスにおいては料理や仕事の正確さ、マナーが行き届いていることなどでとらえることができます。

顧客であるみなさん自身も、このような商品やサービスに対してさまざまな視点から総合的にクオリティを判断しているのではないでしょうか。

これらと同じく企業全体のクオリティを測ることも重要なわけです。その評価尺度が、日本経営品質賞のアセスメント基準です。

ここで、全体の包括的な枠組みについて2015年度の基準をもとに、簡単に説明しましょう。アセスメント基準のカテゴリーは次項のように8つに構成されています〔（）内は配点〕。このアセスメント基準のおおよその枠組みは、毎年少しずつ見直しがされ、新たな経営理論や経営課題も加味されながら変わっています。

私は、このアセスメント基準にそって経営品質チェックシートをつくり、各カテゴリーにつき10項目ずつ、全部で80項目にわたって3カ月ごと、15年間にわたり、自社やクライアント企業のアセスメントをしています。

J・アート・レストランシステムズでは、このシートを活用した社内のアセスメント結果が、2002年は390点、2003年は489点、2004年は533点でした。そして受賞した2005年はこの点数が630点ほどでした。この結果を見れば、レベルがだんだん上がってきていることははっきりわかります。ちなみに社内の評価と、日本経営品質賞の審査によるアセスメント結果はほとんど同じでした。

実はこの経営品質チェックシートの記入状況を見れば、どの社員がどんなことで悩んでいるかということも明確にわかります。

職場の満足度のレベルを知るためのツールとしても大変有効なものです。参考例は、拙著『超顧客満足主義』（同友館）に掲載しております。

（５）４つの基本理念

新しい時代に勝ち残るための仕組みづくりに難問はつきものです。デフレをものともしなかった企業が活用している経営の視点とは、顧客の立場に立って、組織の全プロセスを過去にとらわれず、根本的に変革してきたことにあります。ですから「経営品質の４つの基本理念と、アセスメント基準の８つのカテゴリーの視点をもとに、変革を成し遂げた企業の経営の仕組みを学ぼう」というのが私の考えです。

４つの基本理念とは、〈従業員重視〉〈顧客本位〉〈社会との調和〉〈独自能力〉です。この４つのキーワードをベースに８つのカテゴリーのそれぞれの連携による価値連鎖を高めていかなければなりません。

経営品質向上に向けて最も大事なのはこの４つの基本理念です。これが理解できないと、ほかの理解は進みません。

さらに、今後の縮小していく市場の中では、独自能力の重要性がよりクローズアップされていくことと思います。

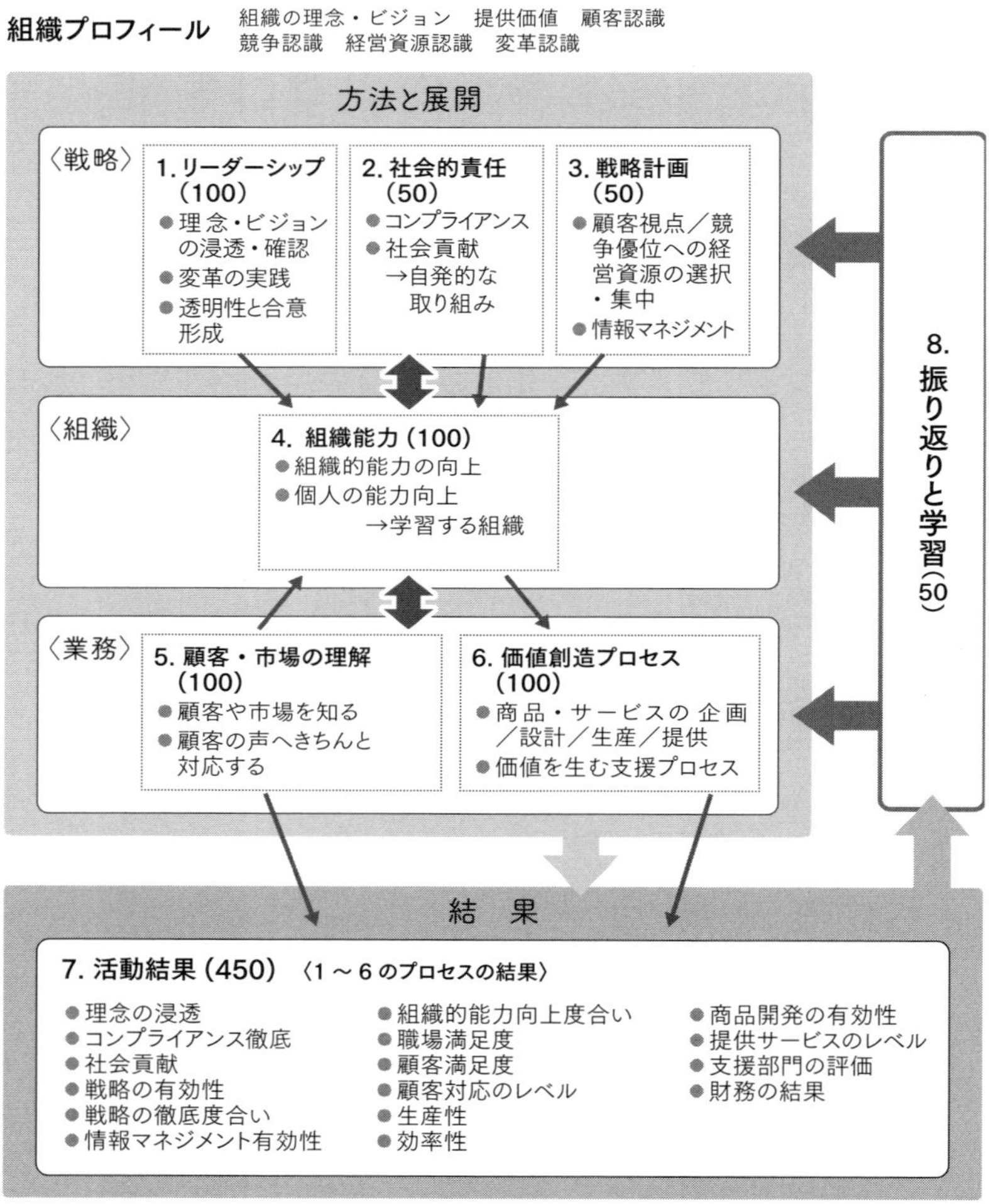

日本経営品質賞アセスメント基準書より作成

2017年度版カテゴリー・アセスメント項目一覧

Ⅰ. 組織プロフィール

（組織の理念・ビジョン、提供価値、顧客認識、競争認識、
経営資源認識、変革認識）

Ⅱ. カテゴリー・アセスメント項目

1. リーダーシップ（100）
   1.1 リーダーシップ・プロセス（100）

2. 社会的責任（50）
   2.1 社会的責任に関する取り組み（50）

3. 戦略計画（50）
   3.1 戦略の策定プロセス（30）　3.2 戦略の展開プロセス（20）

4. 組織能力（100）
   4.1 組織の能力向上（60）　4.2 個人の能力向上（40）

5. 顧客・市場の理解（100）
   5.1 顧客・市場理解のプロセス（50）　5.2 顧客の声への対応（50）

6. 価値創造プロセス（100）
   6.1 主要な価値創造プロセス（70）　6.2 支援プロセス（30）

7. 活動結果（450）
   7.1 リーダーシップと社会的責任の結果（70）
   7.2 組織能力の結果（80）
   7.3 顧客・市場への価値創造プロセスの結果（100）　7.4 事業成果（200）

8. 振り返りと学習（50）
   8.1 振り返りと学習のプロセス（50）

経営品質アセスメント基準の実務的な解釈

経営品質の基準である8つのカテゴリーを、わかりやすくタンスの引き出しにたとえて、外食でもスーパーマーケットでも、アルバイト、パートを含めた社員全員に説明していました。

1番目の「リーダーシップ」と2番目の「社会的責任」と3番目の「戦略計画」という引き出しは、企業の方向性を決める「戦略」的カテゴリーと位置づけられています。会社の理念やビジョンを従業員全員が共有し、共感し、共鳴し、共振するまで徹底させる仕組みができているかどうか、また、社会的な責任を果たしているか、ということこそが企業活動のすべてを左右します。

これは私自身の経営者としての経験だけでなく、MB賞を2度も受賞しているリッツ・カールトンホテルの経営を知ればまさしくそうだとわかります。簡単に言えば、組織のメンバーが、ばらばらな方向を向いているような状態の場合、4番目のカテゴリーで求められる、組織で働く従業員のやる気が高まることなどあり得ませんし、逆を向いている人を見た残りの大半のメンバーのやる気を削いでしまうことになりかねません。

さらに、2番目のカテゴリーでは社会的責任が強く求められていますが、その理由は正しいことを正しくやっている人が評価されず、嘘をついても売った人が勝ちだなどという価値観がまかり通っているような組織では、組織に属するまともな従業員のやる気が高まるはずがないからです。

社会貢献もこのカテゴリーでは強く求められています。組織においては隣の机に座っている人も「社会」です。このような周囲の人に対しても、優しい気持ちや思いやりを持つこともなく、みなが自分勝手なことばかりしているような組織は、組織的能力が高まるはずもなく、個々のやる気が高まるはずもありません。

あえて先に説明しますが5番目は、「顧客の要求や期待をきちんと知り、市場環境を理解し、きちんとした対応をする」仕組みづくりを行うという重要なカテゴリーです。このプロセスの質が高まれば、顧客からの感謝の声が社員にたくさん降り注ぐようになり、社員のやる気に直結していきます。と同時に顧客の感謝がまた新しい顧客を生み出し、7番目のカテゴリーである「活動結果」に相当する顧客満足度が上がり、さらに、特に売上高や利益の増加に直結していきます。

３番目の「戦略計画」の中には、組織全体のマネジメントの状況を司る重要な引き出しとして情報マネジメントの質を高めることも重要なポイントです。このカテゴリーの実践的なポイントは、重要な情報の共有レベルを高めることにあります。もっとわかりやすく説明すると、組織内外で、「言ったとか、言わないとか、聞いているとか、聞いていないとか、私は知らなかったとか」という類いのことは、組織で働くスタッフのやる気を大きく削いでしまう重要な要素であり、このようなことをなくして、風通しを良くすることこそが従業員の働きやすさを高めることになるのです。

４番目は「組織能力」を高めるプロセスづくりですが、このプロセスで重要なことは、いかに組織のコラボレーション能力を高めるかということであり、そのためにはどのようにして、働いている人たちのやる気を高める仕組みづくりをするかにかかっています。このプロセスこそが組織の質を高め、生産性を上げ、業績を高めるための大きな重要成功要因となります。

6番目は「価値創造プロセス」というカテゴリーです。わかりやすく言えば、製品やサービスの企画・設計・生産・販売の付加価値を高め、結果として生産性や効率を向上させるという引き出しです。このプロセスの質を高めたければ、4番目のカテゴリーの組織能力を向上させ、働く人たちのやる気を高めていかなければなりません。組織能力の質が高まり、それにつれて6番目の価値創造プロセスの質が高まるからこそ、7番目のカテゴリーである「活動結果」、特に財務の成果が高まるというように、結果に直結していくのです。

8番目のプロセスは「振り返りと学習」というカテゴリーです。簡単に言えば、これまで説明した1から7までの仕組みづくり（カテゴリー）の流れと、それぞれの仕組みと仕組みの連携をきちんと確認し、各カテゴリーの課題をきちんと把握すること。そしてPDCAが回るように組織全体の質の向上が図れているかどうかを、定期的かつ継続的に、さらにタイムリーに確認していくということになります。

コンサルタントを長くやってくると、どのクライアント組織においても、このように経営全体を俯瞰して、連動させたマネジメントが実際はなかなかできていないことに気づきます。企業の全体像を全体最適の視点で見て、ひとつの引き出しの改善を起点に、タンス全体が良くなるにはどうしたらよいかという思考が何より重要となるのです。

経営品質の8つの基準の関連性をもっとわかりやすくたとえると、1から8のタンスの引き出しは全部紐でつながっているようなものです。その点に気づかなければなりません。どれか一つの仕組みを動かせば、ほかの仕組みも連動して動いてしまうのです。

これまで説明したことを、拙著『文句ばかりの会社は儲からない』の「はじめに」の部分にまとめて記述してあります。その重要な流れとポイントをさらに加筆修正してまとめると、

(1)企業が収益を生み出せるかどうかは、業務プロセスの生産性如何にかかっている
(2)業務プロセスの生産性を高める最大の決め手は、「社員の自主性と創造性」と「組織的能力（コラボレーション能力）」
(3)社員が自主性と創造性を発揮するのは、やる気に満ちている時
(4)社員がやる気に満ちているのは、仕事に対してやりがいや楽しさを感じている時
(5)社員がやる気を大きく下げるのは、全員が共有すべき価値観を否定している人や全員が向かうべき方向に対して、背いている人を見た時、および、社内の反道徳的コミュニケーションでストレスを感じた時
(6)社員が仕事に対してやりがいや楽しさを最も感じるのは、お客様満足の創造に成功した時であり、顧客満足は社員の満足を高めるうえで最も大きい決め手となる
(7)社員や現場の属人性および自己犠牲に多くを依存したお客様満足の創造は、会社の永続的な「競争優位」はもちろん、「収益源」にもならないだけでなく、社員や現場を大きく疲弊させる
(8)優れた人材は、お客様以上に獲得が困難である

⑼経営には〈従業員重視〉〈顧客本位〉〈社会との調和〉〈独自能力〉、という日本経営品質賞の根幹を成す4つの理念を、バランス良く実現していくことが欠かせない

これらのことから経営者は、〈従業員重視〉を最優先と認識し、椅子やテーブルの4本脚のごとく、バランス良く組み立て、全社員が同じ道徳観と価値観を持ち、同じ方向を向いて永続的に頑張ることのできるような風土および仕組みをつくらなければいけません。

この中でも、特に重要なポイントは、2つあります。

ひとつは、⑹の「顧客満足は社員満足の最も大きな決め手」という考えです。

もうひとつは、⑸の「会社が掲げた道徳観、価値観、方向性を浸透させることに経営者が執心するのは、それらに則って頑張っている社員が、それらに背いている社員を見て、自分の頑張りを馬鹿らしく思わせないため」という考えです。これは組織の生産性に直結し、さらには業績に直結するのです。

私自身、小・中・大企業の経営者を経験しましたが、全社員が道徳観と価値観を共有し、共感し、共鳴し、共振する状態をつくることに全力投球してきました。みなが同じ方向を向いて永続的に頑張れる風土および仕組みをつくるべく、「理念の共有・共感の仕組み」「情報共有の仕組み」「経営品質のセルフアセスメント」などの仕組みと考え方の浸透、実行に全力を注いだからこそ、2005年度の日本経営品質賞受賞企業となることができたのです。

ところで、「顧客満足のための社員満足」ということは、よく言われてきたことですが、なぜ、

私自身は逆の「社員満足のために顧客満足が最も大きな決め手になる」という考えにたどり着いたのでしょうか？　そもそも「社員を満足させるためにこそ、顧客に満足していただく」ということは、コロンブスの卵のようなことです。小規模なコンサルティング会社や中規模な外食業、あるいは大規模な流通業の経営者を経験していくうえで、顧客満足を高めなければならない最大の理由は社員満足を高めるためなのだ、という考えに確信が持てるようになるまでに、ある程度時間がかかりました。

正直なところ、この考えがいかなる企業の、いかなる社員にも適うとは言いませんが、経営者がこの考えを確信し、かつ、社員とともにこの考えに共感・共鳴できるならば、これはまったく自然の摂理に逆らわないものです。

事実私が社長を務めた2つの会社は、社長である私自身がこのような考え方を社内外に明言し、組織内に浸透し始めてから、どちらの会社でもきっちりと利益が出るようになったのです。

それは正直者が馬鹿を見るような風土の会社では組織のコラボレーション能力は高まらず、当然生産性も上がることはなく、結果として収益に結びつかないということ、価値観を共有し、共感する社員が増え、共鳴し、実際の仕事で共振し始めると、コラボレーション能力が飛躍的に高まり、離職者も減り、その結果生産性が上がって、確実に収益に結びつくということを実際に目の当たりにしたのです。

ザルに水、砂に水でも続ければ水がたまる

小売業やサービス業では、取り扱っている商品の大半は、原則としてどこのお店でも同じものを扱うことができます。スーパーマーケットなどでは大半の商品は他社でも売っているものばかりです。全国チェーンのスーパーマーケットでは、売り場での提案内容も商品も売り方も、さほど差はありません。商品で独自性を出すことはなかなか困難なため、結果として価格競争に陥ってしまっているのです。そのようなことは、ほかの業界でもよく見られることです。

では、各社・各店の業績はどこで差がついているかというと、経営そのものの質、すなわちマネジメント力の差です。その経営の質を高めるための一番大きな重要成功要因は人材の質、特に組織的能力、コラボレーション能力の向上なのです。

そのためには個々の社員に対する教育も重要ですが、いかにチーム全体のやる気を高めるかは、より重要なこととなります。さかのぼって考えると、やる気を高め続ける仕組みづくりがとても重要だということになります。

そもそも、事務処理やコンピュータの入力や商品知識などオペレーション力を高める教育をどれほどやっても、やる気が高まらないといつまでたっても実にもなりません。詰め込みの教育研修をやればやるほど、社員やパート・アルバイトたちのやる気やモチベーションが下がり、結局辞めてしまうことになりかねないのです。そもそも人の教育もやる気を高める仕組みづくりも、

一朝一夕ではできません。

まさに「ザルに水、砂に水を入れ続けるがごとし」です。だから時間をかけた継続的な取り組みにこそ意味があります。なぜならば、自分たちが身に付けていったことやつくり上げた仕組み風土は、時間をかけて苦労してつくり上げていったものほど他社が真似できないからです。

以前外食業の社長をやっている頃、社員の声を共有する情報カードという仕組みが有効に機能していました。その中に「社長はよく、ザルに水、砂に水と言うが、自分たちザルや砂にも水を受け止める意思と努力が必要だ」と書いてくれた人がいました。私は「心配しなくてもザルに水はたまるようになりますよ。ザルにも、ずっと水を入れているとだんだん苔が生えて、目詰まりをおこし、ザルなのに水がたまるようになるのですよ」と返答を書きました。

みながやる気が出るように、会社の風土を短期間に変えることなど、どんな天才経営者でも困難なことです。仮に毎日努力を続けても、3年や5年以上はかかります。たとえば、早朝勉強会のようなことを実施している会社もあると思いますが、初めのうちは、その名のごとく〝早朝〟ですから、社員は居眠りしがちで、「とにかく参加する」ことが目的になりがちになります。しかし、だったらやっても無駄かというとそうではないのです。参加した社員たちが、一生懸命ではないように見えても、継続すれば意味が出てきます。

一番大切なのは、〝良いと思ったことは継続する信念〟です。やっているうちに、やり方も内容もだんだん進化していくように持っていけば、組織的な能力は格段に高まっているものです。

全員が行動できる風土

世の中には、わかっているのにやらない人や会社はたくさんあります。

一方、実際にいろいろなことに挑戦する人たちは、反省もするし、自発的に新たなやり方を考え続けます。

物事を継続して取り組む癖がついている会社は、そういう「振り返りと学習のプロセス」自体によって他社と大きな差がついているのです。

私自身を振り返ってみると、1999年に比べて、比較にならないくらいにマネジメント力が高まったのは、どんなに赤字の時も、マネジメント力を高める教育と、マネジメントへの参画を図るよう人材教育を継続したから、劇的に財務内容も好転し、2005年度の日本経営品質賞を、トヨタ輸送株式会社と松下電器産業株式会社（現パナソニック株式会社）の2つの社内カンパニーとともに受賞することができたのです。

「社員教育をして、社員が育っても、もっと良い会社に転職してしまったり、独立してしまったりして、社員が辞めてしまったら大損だ」というようなことを言う人もいますが、一概にそうとも言えません。

私の経験上、理念・ビジョンの共有・共感を進めていけばいくほど、どんなに成績を上げていても、方向が合わない人は簡単に辞めてしまうものです。ところが、これは会社が損をしているのではなく、むしろ次のステージに脱皮している証拠であり、さらに速く良くなっていく兆候です。

また、よく地域一番店を目指すという理念を掲げる会社が多く存在しますが、なぜ地域一番店が有利なのでしょうか？

それは、不況になると、マーケットが小さくなるので、顧客が自分の買うお店、注文する会社をより厳しく選ぶようになり、一番良い会社に頼みたくなるからです。

逆に、一昔前のようにバブリーな時代だとマーケットが大きくなり、良い会社ほど顧客に対応しきれず、小さな契約などは後回しにされてしまうので、ダメな会社にも顧客の注文が回ってくるようになります。

だから好況になれば、ダメな会社もレースについてこられますが、不況になるとダメな会社は真っ先にレースから脱落していくことになります。

ではどんな会社が地域一番店といえるのでしょうか？　外食や流通業などでは、チラシを使った広告宣伝や特売ばかりやっているところがありますが、そもそも本当の地域一番店ならば、そのようなことはする必要がありません。地域一番店は、広告宣伝や安売りに頼らない代わりに、どこよりも顧客の要求・期待に応えられる質の高さが高業績を支えています。

そして生産性を上げていくためにも、今まで以上に組織的能力、コラボレーション能力（＝チームワーク）の差が大きな違いになっていきます。

これからは、自分たちの都合や自分たちの感覚だけでマネジメントしていたら、今まで以上に、売上や利益は下がっていきます。基本は顧客の要求・期待を知り、個人のみならず、組織としてきちんと対応することができる仕組みづくりです。

でもこのような組織的能力の向上は簡単には目に見えないので、「ザルに水、砂に水を入れ続ける」ようなたゆまぬ努力が必要なのです。

コツコツと会社を変えていくことができれば、これからもまだまだ成長は可能となります。誤解しないでいただきたいことは、「顧客の要求・期待を知り、きちんと対応しましょう」というようなことを言うと、一昔前によく見られた、目先の顧客対応だけでお茶を濁してしまう会社もたくさんあります。しかしそれは違います。顧客本位で社員全員が行動できる風土づくりこそが求められているのです。

共有する「情報カード」

私は、万能とも言える仕組みとして、J・アート・レストランシステムズに「情報カード」というものを導入しました。約10年間「情報カード」の考え方を大切にし、継続していくうちに、社員やアルバイトたちが少しずつ次のようなことに気づいていきました。

「成果を出したければ、業務のプロセスをもっと効率良くしなければならない」

「業務のプロセスを効率化する（生産性を高める）には、働く人みんなのやる気が高まっていなけ

＊参考
『仕事ができる人の心得』
小山昇著　阪急コミュニケーションズ

ればならない」

「人のやる気が高まるには、リーダーシップ、社会的責任、戦略、情報マネジメント、顧客のことをきちんと理解し、対応するといった仕組みの質が向上しなければならない」ということです。

私の会社の「情報カード」の仕組みをベンチマークし、提案制度として導入しようとした会社は数多くありましたが、90％以上の会社ではなかなかうまくいきませんでした。やはり、社員やパート、アルバイトたちからすると、改善提案などはそうそう出せるものではないからです。すぐに出せるような改善提案は、すぐにネタが尽きてしまうのです。

「情報カード」には3種類あり、赤、青、白と色で分けていました。その中のひとつ、「青カード」は同僚や顧客からいただいたお褒めです。社員やパート、アルバイトからすると、「青カード」を通じてであれば無意識のうちに改善も出しやすくなります。

なぜなら、誰かが褒められるということに、必ずと言っていいほど何かのちょっとした工夫、ヒントが隠されているからです。現場から業務の改善提案を募りたければ、この形をとるほうがはるかに賢明だということに気づきました。

経営における失敗の主因は、現場から一番遠い人間、つまり社長が現場の意見も聞かずに、意思決定を行うことにあります。「顧客の声」や「社員の声」でもある「情報カード」は、経営者である私にとって、現場を知るために何より重要なツールでした。

現場から出された意見は、情報共有と対策を迅速に実行するべく、データ化し、全店舗へメール配信し、後にほとんどのカードはホームページへアップして、従業員の家族や顧客にも見てもらえるようにしていきました。

そしてこのように公開したことが、大きな成果をもたらしました。これを見て良い人材がどんどん入ってくるようになったのです。

また、お客様からクレームが出た際は、情報を確認した後、迅速に改善会議を実施し、その社内の議事録までもお客様へ直接送付し、ご報告するようなこともやっていました。こうしたことが実り、クレーム、それも特に感情的なクレームは激減していきました。クレームをくださったお客様が、逆にファンになっていただけるようになっていったからです。

私は、自社であれ、クライアントであれ、組織風土を改革していく際には「8つの約束事」のように基本理念の共有・共感・共鳴ということに大きなエネルギーを割きます。それを社員や、パート、アルバイトだけでなく時にはビジネスパートナーたち、さらにはお客様にも共有していきます。

具体的には、社長である私が、アルバイトも含めた全員に「理念通り行動してもよい」という誓約書を差し出しました。スーパーマーケットの時は、約200社の主要な取引先に対し、より高度な「クオリティーリーダー宣言」「ミッション宣言」[*1]という文書をお渡ししました。これは、私が全員に対して「理念通りに行動してよい」という誓約書を出していることを明記した文書です。

＊1
静鉄ストアＨＰ参照
（http://www.s-store.co.jp/）

8つの約束事

ここではJ・アート・レストランシステムズが最も大切にしていた8つの約束事についてご紹介します。

1. 約束事を守ります。
2. 嘘をつきません。
3. 愚痴、陰口を言いません。
4. トライする前に出来ないと言いません。
5. 失敗を他人のせいにしません。
6. 積極的に発言し、果敢に行動します。
7. 他人の意見を聞きます。
8. 人として恥ずかしいと思うことはしません。

これらの8つの事項について、毎日朝礼や会議の冒頭に1つずつ、社員やパート、アルバイトが交替で、「どのように実践しているか、何のためにこのような約束事があるのか」などについてスピーチしてもらいました。このようなことを継続して、徹底していくことにより、最も大切な経営理念の浸透を毎日毎日深めていきました。

「8つの約束事」を徹底していくと、会社も正しいことを正しくやるという方向に進んでいきます。当然、アルバイトたちも漏れなく雇用保険、社会保険に加入するなど徹底していきました。これは、とてもコストがかかることなので、15年ほど前の飲食業ではまだ、なかなかできないところがたくさんありましたが、このような姿勢を徹底したおかげで、労働基準監督署の方が来られた際にも、指摘されるような事項はほとんどありませんでした。

「8つの約束事」の徹底を進めていくうち、この基本理念に共感できない人やチームワーク良く仕事ができない人が、順々に辞めていきました。

そもそも、私が社長に復帰してからしばらくは、ずっと人員不足でしたから社員やパート、アルバイトの解雇などできようはずがありません。現在でも飲食やスーパーマーケット業界では、数日以内に辞めてしまうアルバイトも、決して少なくありませんが、基本理念を前面に出していった結果、これに共感して入社してくれる人たちが増え続け、定着率は格段に上がりました。

その結果、理念に背く人、つまりチームワークを乱す人が少なくなっていき、みなが同じ方向に向くようになり、少しずつ組織的な能力が向上していった結果に連動して、会社全体の生産性は飛躍的に高まっていきました。

具体的に言えば、120席の店では会社が倒産寸前の頃、ランチタイムにキッチン7人、ホール6人、計13人もの人がシフトに入っていましたが、組織としての方向性はバラバラで、部門間の協力もなく、一緒に働ける状況にありませんでしたし、新しいスタッフを入れても入れても辞めてしまいました。

それが理念に共有・共感する人の割合が増えるにつれて、互いに協力し始め、13人が11人に、それが9人に、2008年頃には6人でも効率良くお店を回すことができるようになっていきました。13人でやっていた頃は考え方もバラバラで、みな文句や不平・不満ばかり言っており、辞めていく人たちが続出していました。CSもひどいものでした。しかし、理念が共有され、共感し、共鳴、共振状態になっていくと、感謝に包まれて仕事ができる風土になり、誰も辞めなくなります。

すると不思議なもので、同じ仕事量を半分以下の6人でもできるようになるのです。それにもかかわらず顧客満足度は向上していました。

こうなれば利益が出るのも当たり前の話です。

募集費も、教育費も、人件費も半減しているのに、顧客満足は高くなり客数が増えるのだから儲からないはずがありません。目先のことしか考えない人たちはここまで耐えられないのです。だからいつまでたっても儲からないのです。

それでは、その決め手となった風土変革の移り変わりを少し説明します。このことは、巻末の神戸トヨペットの谷川店長奮戦記でも、手に取るようによくわかりますのでご参照ください。

経営理念の共有・共感・共鳴が浸透すると、社員は変わり、成長します。日本経営品質賞を受賞した年の審査員による現地審査の際、突然、20歳の女性アルバイトに、経営理念の具体的な実践と行動が問われました。彼女は次のように答えたそうです。

「私は、朝礼でも8つの約束事は唱和しているし、先日は嘘をつかないという項目についてスピーチもしました。以前は、夜遅く帰ると、女友達と一緒にいた、と父親に嘘をついていましたが、今は嘘をついてはいけないなと思って、男友達といた、と正直に言うようになりました」と。

彼女は、「2．嘘をつきません。」という経営理念の一項目を日常生活でも実践し始めていたのです。

そのアルバイトがこのように言ったので、理念の浸透度合いがよくわかったと後に審査員の方から聞かされました。

経営理念は、社員やビジネスパートナーはもちろん、顧客にまで浸透させていくべきものです。なぜならば良い客層に囲まれるようになり、仕事が楽しくなり、結果的に必ず成果に結びつくからです。

理念の共有・共感・共鳴・共振の仕組みが世界で最も優れていると評価され、MB賞を2度受賞しているリッツ・カールトンホテルでは、顧客への理念の浸透が業績を支えていることがよくわかります。

私たちの会社ではこの「8つの約束事」の共有・共感を徹底していくうちに、個々の働くスタッフたちだけでなく同時に組織的能力が大きく成長しました。

そんなある時、若い女性社員たちが「この8つの約束事はとても良いことばかりだと思います。でもどちらかと言えば、守ることばかりです。社長、私たちにもっとこうなりたいという経営理念を考えさせてください」と言い出しました。

私はレストランチェーンの社長をやっている10年間で、とてもうれしい日を4日ほど覚えています。この日はそのうちの1日です。なぜかというと、自らこのようなことを言い出すということは、明らかに社員たちが成長していることの証だからです。そして、上司の成長を測ることは、部下の成長をもってしかできません。この事象はあきらかに部下の成長を示すものであり、それはすなわち上司である私の成長を、あるいは私が社長をしている組織全体の成長を示すものだからです。

このような経緯から社員たちの意見をまとめ、次の「3つのスローガン」をつくったのです。

1. 美味しさの追求——原点に戻り本来の味、そして顧客の求める味とはなにか、突き詰めます。

2. 利他主義の徹底——「人のために仕事をする、周囲の人が楽になるように仕事すること」が結局自分自身と全員の仕事を楽にし、生産性は向上します。

3. ありがとうの追求——青カードをとにかくたくさん出しましょう。お客様から「ありがとう」とどれだけ言っていただけるか、そして周囲の仲間にどれだけ「ありがとう」と言えるか、これがすべてです。

「ありがとう」が言えない職場や人では、絶対にお客様に喜ばれるオーラはお店として出せません。

やる気を高める「言葉」

電車に乗った時、目の前に高齢の方が立っているのを知っていて平気で狸寝入りする人がいます。私は、そんな人が集まった会社は決して儲からないと思います。なぜならば、何か困った時に物事を頼んでも「私の仕事ではありません、私には関係ありません、そんなこと知りません。聞いていません」という社員が多い組織になってしまうからです。

このような思いやりを欠く言葉やコミュニケーションが飛び交う状況は、自分のことしか考えない餓鬼の集団のうごめく地獄絵図が、会社の中に存在しているようなものです。当社も倒産寸前の時はまさに、社内の組織風土は地獄絵図そのものでした。

このような組織では、良いことを言っても否定され、足の引っ張り合いが行われているので、社員はお客様に対して使うべきやる気とエネルギーなどを削がれてしまうのです。やる気とエネルギーが削がれた社員は、仕事をつまらなく感じ、業務プロセスの生産性は著しく落ちていきます。

近江商人の「三方よし」という言葉があります。

これは、「自分（売り手）、顧客（買い手）、社会、の三者が喜べる商売をしよう」という、300年も続く商人の心得です。よく、「会社が儲かったら、社会貢献をしよう！」と言っている人がいますが、それは順番が違うと思います。儲けたければ、まず社会的責任を果たすべきです。さらに言えば会社として貢献する前に、ご近所や、会社の隣の人など周囲の人に対して個人個人が優しさや思いやりを持つべきです。

「人に優しくなること」「人を思いやること」といった行動こそ、業務プロセスの生産性を著しく高める大きな要素なのです。

さらに人は、人に優しくすると、自分自身の気持ちが良くなります。

自分の気持ちが良くなると、自分の生産性が高まります。そして、社員全員の気持ちが良くなると、組織全体の生産性が著しく高まります。当然業績は良くなります。つまり儲かるのです。

自分の気持ちが良くなると、自分が行う業務の生産性が高まることの実例をご紹介します。

J・アート・レストランシステムズでも静鉄ストアでも、毎日の朝礼で「接客五大用語」を、手話を使って唱和していましたが、手話を実際の業務で実践する場面に遭遇することはほとんどありません。

しかし、ごくたまにお客様から「おいしかったです」と手話で応えていただけると、社員は手話を介してお客様と心が通じ合えたことに大きな喜びを感じ、その日のやる気が高まり、生産性は劇的に向上します。

一例を挙げると次のような情報カードからもこのことを察することができます。

5月20日 青カード 安城店・石川さん

今日、耳の不自由な方が食べに来られました。お会計の時に、私が手話を使って「ありがとうございます」と言ったら「おいしかったです」と手話で応えてくださいました。とてもうれしかったです。

こちらは静鉄ストアでの同様の取り組みの一例です。

7月27日に初めてお客様に「ありがとうございます」を手話でやってみました。すると翌日に、そのお客様が手話に関する本をくださいました。そしてレシートの裏に「手話をできるように頑張って」とメモした紙をくれました。笑顔ですごく楽しそうにしてくださったお客様を見ると、もっと手話で会話をしてみたいなと思いました。

私は、社員のことを大切に思えば思うほど、お客様に喜んでいただきたい（ご満足いただきたい）と思います。それは、社員の喜び（満足）は、「周囲から認められること」であり、そして、その最たるものは、「お客様に喜んでいただく（ご満足いただく）こと」だからです。

満足してくださったお客様は、私たちのお店に別のお客様を連れて来てくださいますし、社員へ「ありがとう」と言ってくださいます。

お客様から「ありがとう」と言われた社員は、やる気を高めます。やる気が高まった社員の業務の生産性は著しく高まります。その結果、お客様は増え、社員の生産性が高まり、会社の業績は伸びるという好循環サイクルができあがるのです。

一方パートやアルバイトは、給料が少ないからといって辞めるより、上司や同僚から、怒られて辞めるというほうが圧倒的に多いのです。これを防ぐためにも感謝の心が大切です。

私たちのレストランチェーンでは戦略（経営資源配分）の優先順位の第一は、「パート・アルバイト満足の向上」に設定していました。

昔も今も、大手外食チェーンや流通業で社員やアルバイトを募集するために、年間何億円もかけている会社はざらにあります。

外食業では10億円の利益を出すには、２００億円もの売上が必要です。利益率2％でも優良企業と言われるスーパーマーケット業界では、５００億円もの売上が必要となります。仮に、一人も社員やアルバイトが辞めなければ、新たに募集する必要はなくなり、社員やアルバイトを募集するための何億円かを浮かせることができます。

戦略とは、すなわち経営目的に向かって経営資源を有効に再配分することですから、私は、経営資源を再配分する際「それは、お客様が喜ぶ、みんなのやる気が出ることか？」という視点を最優先して意思決定していました。それが結果として収益に直結するからです。

ところが、目先のことしか見ないリーダーは、そんなこともわからず、「売れない、効率が悪い、生産性が低い」と、働きやすくやる気の出るような風土づくりの怠慢を棚に上げて、部下をしかりつけるばかりで、人材を流出させてしまうのです。ゆえに、「パート・アルバイト満足の向上」は、最も重要なことなのです。

ちなみに、私たちのレストランチェーンでは「商品」や「技能（スキル）」にも多くの独自性を持っていました。

たとえば、あえてセントラルキッチンを使わず手づくりにこだわっていること、最高級の小麦粉を使って時間と手間隙をかけ、イタリアから直輸入した薪の釜でピザを焼いていること、一流ホテル出身の総料理長やヨーロッパの有名菓子店で修業した製菓長直伝の職人技をアルバイトたちにも伝えられる仕組みを持っていたということなどです。

「商品」や「技能」に独自性を創る一番の理由は、社員やアルバイトに自信を持って営業をしてもらうためです。

しかし、ここに書いたような商品的・技術的な独自性を維持することは簡単ではありません。なぜならば、少しでも業界で注目されると、競合企業からベンチマークされ、すぐに真似されてしまうからです。

したがって、本当の意味で独自能力（コアコンピタンス）と言えるのは、「商品」や「技能」だけでなく、時間をかけてこそ初めて醸成可能な、自主性と創造性を育む「風土」そのものなのです。

他社が一朝一夕では真似のできない風土だからこそ、良い商品が生まれ、良い技術をもった人たちが残り、個人も組織も安定して成長していくのです。

やった！　初の年間黒字化達成

さて、経営品質の活動を再開して1年経った、２０００年の11月にようやく月次決算で営業黒字が出ました。翌月には経常黒字も出せました。当時二人三脚で改革を実行していた常務と互いに喜びましたが、それほど甘くはありませんでした。

経営品質の考え方による抜本的な風土改革は漢方薬の処方のようなものですから、そんな急に効き目が出るはずはなかったのです。良くなったと思って安心していると、また翌月は大幅な赤字になってしまうというようなことの繰り返しが続きました。東京ディズニーランドのスペースマウンテンのような状態で真っ暗闇の中、上がったり下がったりを繰り返しました。

以後2年間、年間収支を黒字にすることはできなかったのですが、それでも２００３年１月期には年間営業赤字が２８０万円にまで縮小しました。同時に倒産を回避し、欠損金を縮小するために、ありとあらゆる方策も駆使しました。前述の通り、当時は金融改革の真最中で、どの銀行も不良債権の処理を最優先していましたので、債務超過状態だと、運転資金の借り換えさえもできなくなってしまうからです。

２００４年1月期決算で、ついに年間営業利益１６５０万円、経常利益１５０万円となりました。営業キャッシュフローも３０００万円のプラスとなりました。当時、年間売上高が10億円程度の中で、経営品質を高めることで風土を改革し、再建のために復帰した3年前と比べて、年間経常損益は2億円も改善したわけです。この2億円もの収支改善は中途半端な改革ではできません。

後に売上高430億円の静鉄ストアの社長になった時、2億円の収支改善でさえ本当に大変だったのに、10億円の売上なのによく実現できたものだと、自分がやったことながら未だに不思議なほどです。

この間、リストラを行って従業員を解雇したわけではありません。人が足りなくて、解雇どころではなかったからです。一般的には改革には痛みをともなうと言われます。また、顧客満足とコスト削減は両立しないと考えている方たちも多いのではないでしょうか。しかし私は、既存店の売上をなんとかキープしたり上げたりしながら、従業員も解雇せず、顧客の満足度を上げて、その結果、利益が出る体質の会社にできると思っていましたし、そうするしかない状況に追い込まれて死にものぐるいでした。とにもかくにも全員一丸となった努力の結果、負債も3年間で4億円も減らすことができたのです。

2000年度決算時の当期赤字によって繰越欠損金が4億円出ましたが、税効果会計の活用により、その後順調に黒字を出し続けたため、逆に1億円以上のキャッシュを生むことができました。また、後に減資を実行し、累積損失も一掃し、健全な財務体質に転換できました。

これだけ厳しい中でも、私は「利より信」を「事実前提よりも価値前提」を優先させ、利がついてくるようになるまで耐えることができましたが、今思い返すと本当によくできたものだと、死にものぐるいで失うものがない状況に追い込まれると、人は何でもできるのだなと思います。

実はこの間私自身も、貯金も、個人的な趣味やゴルフを楽しむ時間も失っています。会社に余裕がなかったので経費で落とすべきものも個人で負担したり、休む時間もなくしてしまったりして、趣味どころではなくなっていたのです。夜、眠る前に自殺する中小企業の社長の気持ちを考えたりしたことも何度もありましたし、当然、個人の民事再生、自己破産に対する準備もしました。

私のようなサラリーマン社長でさえ、大半の日本の中小企業では、会社を引き継いだ際に、何億円という借金の連帯保証人にならなければなりません。「何でそこまでして、また社長を引き受けるのか？」とか「なぜ倒産しそうな会社をまた引き受けるのか？　下手したら自分も破産だぞ」と周囲から随分言われたものです。

しかし、私は、後任社長が推し進めた「事実前提優先の経営」によって引き起こされた従業員たちの悲痛な叫びを見過ごすことはできませんでした。さらに、そのまま見て見ぬふりをして、自分がたとえ短期間でも社長をやった会社が倒産してしまったら、自分の人生を納得して終わらせることができないなとも思いました。

だからこそ、歯をくいしばって黒字になるまで3年間、そしてその後の日本経営品質賞受賞に向けて必死に頑張ったのです。

本当に困難の連続でしたが、「従業員満足」のためにこそ「顧客本位」はあるのだと気がづいて反転上昇したのです。

そして、いよいよ２００３年度、２００４年度と続けて「日本経営品質賞」に挑戦しました。

受賞することが目的ではなく、とにかく社員のみんなに拠り所となるなにかを共有させせたかったからです。そして、会社や組織で行われているさまざまな施策を一つの方向に向けてベクトル合わせをしたかったのです。

そんな努力の結果、2005年度日本経営品質賞中小規模部門の受賞に至りました。

昨今、経営環境は絶えず激変し、外食各社、流通各社の経営は厳しい状況です。しかし、こういう時代であるからこそ、経営の品質を高めていかなければならないのです。経営の質が良い会社は業績も良い会社になります。一方株主の観点からみても、経営品質の高い企業の株式を保有することの方が安心であることは間違いありません。そうした経営品質の高い企業は、共通して、顧客満足や従業員満足を高めるための仕組みの変革に真剣に取り組んでいます。

経営品質の評価は本来、市場の評価と結びついていくべきです。しかし残念ながら日本の証券アナリストの大半は、経営品質について知りません。私は以前、兜町で証券アナリストを集めた経営品質セミナーで講師をしましたが、そこに集まったアナリストたちでさえ、経営品質のアセスメント基準を知り驚いていました。このことは、企業の質的成長性を評価できる視点を持ったアナリストがとても少ないということの裏返しでもあります。

規制緩和や経済のグローバル化に追い立てられるように、日本企業は待ったなしの経営システム改革に取り組みました。しかし、その結果は相変わらず財務諸表の結果からしか把握できません。

経営者のビジョンや戦略、顧客満足度、従業員満足度などの推移を示す情報開示などはほとんど行われていないので、正確かつ客観的な組織力を投資家に示すことができていません。

今後、いっそう厳しい経営環境が続いていく以上、顧客や市場の変化を読み取ることによって活路を見出し、道を切り開いていくことがますます重要になってくると予測されます。

だからこそ経営者は、明確な方向性を社内だけでなくステークホルダー（利害関係者）、投資家にも示さなければなりません。そのためにも、肝心なことは、顧客や外部の声や視点を社内にフィードバックする構造や仕組みを経営システムの中に構築し、それを基にビジネスを展開していかなければならないのです。

経営品質のアセスメント基準は、このような時にこそ大きな力になるのです。

第2章

勝ち残るための仕組みづくり

人口動態の推移から読む市場の変化

ここでは人口動態の推移から、独自能力の重要性について確認していきます。この説明はあくまでも日本の国内市場に関するものです。

まず、これまでの我が国の歴史的な節目に着目しながら総人口の推移を確認してみましょう。

歴史人口学の専門家である鬼頭宏氏の『人口から読む日本の歴史』という本を見ると日本の人口の超長期推移が、手に取るようによくわかります。（一部引用）

過去数千年の動きをグラフにしたものを見てみると、日本の人口は、大きく見て、増加と停滞の時期を何度か繰り返してきていますが、ここ2000年は、一度たりとも人口が長期的に減少するという局面に遭遇したことがないということがわかります。特に明治以降はかなり正確なデー

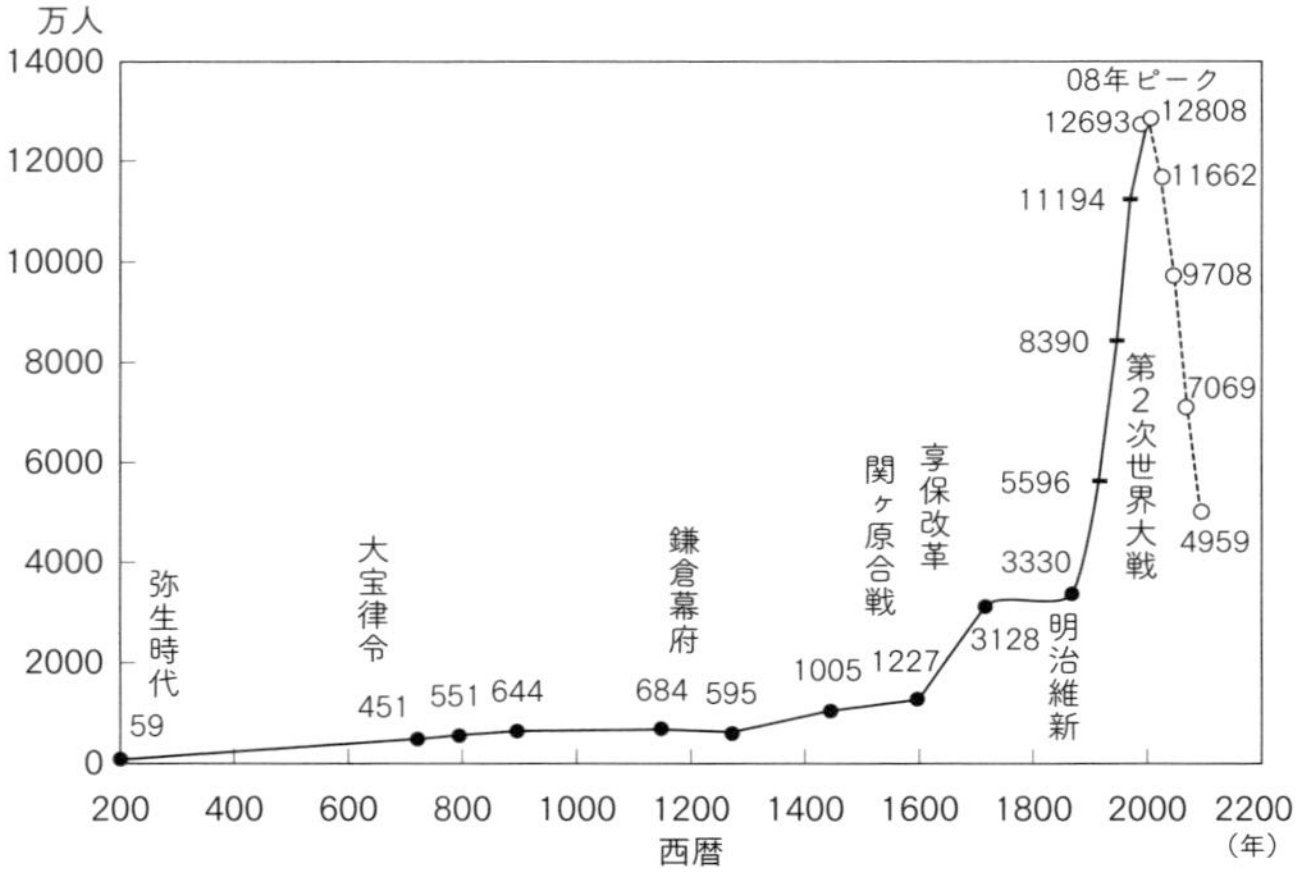

出典 鬼頭宏(2000)「人口から読む日本の歴史（講談社学術文庫）」鬼頭宏(2007)「[図説]人口で見る日本史

タが総務省の国勢調査データでも明らかになっていますし、国立社会保障・人口問題研究所の最近の将来人口推計を過去のデータとつなげてみると、明治維新以降のわずか140年あまりで人口が爆発的に増加した状態だったことがわかります。

これが2008～2015年頃をピークに、一転して急激な減少へ向かうことも明らかになっています。これは実感をはるかに超えるものです。

少し推移を説明すると、弥生時代以降、稲作農耕の普及と国家の形成にともなって、人口はめざましく伸長していきます。

16～17世紀は、農耕の開始に次ぐ人口革命の時期と言えます。これは戦国大名による規模の大きな領内開発、小農民の自立にともなう「皆婚社会」化による出生率の上昇などが主たる要因と考えられています。

18世紀に入るとこうした動きは限界に達します。江戸、大坂といった新たに誕生した巨大都市は、高い未婚率と衛生状態の悪さから人口の停滞期を迎えます。しかし、実は弥生時代から江戸初期までの1600年という時の間に日本の人口はわずか3100万人に達したにすぎません。そして、鎖国により停滞した社会では人口増加は横ばいとなり、江戸幕府崩壊までの300年で総人口は200万人しか伸びず、3300万人に留まりました。

江戸時代に3000万人余程度であった日本の人口は、それ以前の長い時間のゆったりとした流れから大きく変化し、140年という極めて短期間に、また第2次世界大戦の惨禍にもかかわらず2008年には1億2808万人のピークにまで到達したのです。

国内市場は今がピーク

みなさんはまさかと思われるでしょうが、我が国の市場はついに数千年の長い歴史のピークに到達してしまったのです。明治維新後140年余りの間に我が国の総人口はなんと1億人も増えたことになります。このような市場急拡大の中で、事業を拡大できなかったとしたら、むしろそちらのほうが不思議なくらいです。

第2次大戦後、今の国土にいた日本人は8300万人です。ですから戦後の70年だけでも5000万人も人口が増え、市場が急拡大していたのです。厳しい言い方をすれば、こんな恵まれた100年間に会社を繁栄させられなかった人たちのほうがおかしいのです。ちょっと要領が良ければ波に乗って、誰でもそれなりに会社を大きくできるだけの市場環境だったわけです。

それでもまだ、生き残ってきた人たちは良いほうです。こんなに恵まれた状況の中でも会社を潰してしまった人たちも、数え切れないほど存在していたのです。

国立社会保障・人口問題研究所の中位予測値によると、今後40年間に、人口は約3000万人減少すると予測されています。これを見れば、私が経営していた外食やスーパーマーケット業界にとっては大変深刻なことであるということが実感できます。

今より3000万人も人口が少なかったのは、大阪万博の1970年の頃です。私が深刻に思う理由はここにあります。というのも、大阪万博の頃には、ハンバーガーM社も、外食レストランチェーンのD社も、R社も、S社も、牛丼3社もほとんど存在していないからです。コンビニエンスストアも１９７０年頃には1店も存在していません。大手ＧＭＳ（総合スーパー）のショッピングセンターもほとんどありませんでした。

１９７０年代以降、各社がそれぞれ数百～数千店もの店舗を、この３０００万人の人口増加の波に乗って造り続けたのです。

ところが、これから40年後は、逆に３０００万人も人口が減少していきます。つまり、理論上、この各レストランチェーンも、コンビニチェーンも、相当数なくなってしまっても不思議はないのです。なぜこんなに凄まじく人口が減り続けるのか、身近な問題に置き換えて少しわかりやすくして考えてみましょう。

戦後生まれのいわゆる「団塊の世代」といわれる人たちは、「第1次ベビーブーマー」と呼ばれ、1学年になんと２６０～２８０万人ほど生まれました。5年間だけで１３００万人近くが誕生していたのです。この世代が、生まれてから現在まで、我が国の消費や経済、文化を変革し牽引してきたのです。この世代は、住宅も、家具も、家電製品も、スポーツ用品も、自動車もたくさん買ってくれて、保険にも本当にたくさん入ってくれたのだと思います。

では、その子供たち、「第2次ベビーブーマー」の世代は全国にいったいどのくらいいるのでしょうか？　結論から言うと、1学年２００万人～２１０万人くらい生まれています。つまり5年間で１０００万人強も存在しています。

私が危機感を抱くのは、第2次ベビーブーマーの世代とその親の世代が２０１５年現在までの消費を大きくリードしているという事実です。車も、住宅も、当然付帯する家具や家電製品も一番消費を牽引できるはずの世代が健在で、さらに総人口さえも、ここ10年間くらいが過去数千年の歴史においてピークになっているという最高の市場環境にありながら、この20年もの間、多くの会社は苦況にあえいだのです。

今、このピーク時に苦しい状態ならば、今後はどうなってしまうのかということを真剣に考えなければいけません。さらに私たちにとって本当に大変なのは現在ではなく、これからなのです。

第二次ベビーブーマーの子供の世代、つまり今の小学生以下の人たちは、1学年がわずか100万人くらいしかいません。5学年でも500万人強、10学年で1100万人程度しかいないのです。親の世代と比較すると半減しています。

いずれ第1次、第2次ベビーブーマーはいなくなり、この世代がとって代わっていくのですからマーケット減少のインパクトは想像できないほど大きいのです。

なぜ人口は長期にわたって減り続けるのか

では、なぜ人口は減り続けるのでしょうか？　人口を増やそうとすれば、とてつもない時間を必要とします。なぜならば、日本政府が、本気で1億3000万人に戻そうとすると、いまの小学生以下の子供たちが30～35歳くらいになって、仮に今（ここ数年は女性が一生の間に子供を産む数が約1・35人）の倍近い出生率で子供を産んで、さらに、その子供たちがまた30～35歳くらいになり、2・07人（人口が理論上減らない数）の出生率で子供を産んで、またその子供たちがまた30～35歳くらいになって、また同じくらいの出生率で子供を産んで、ようやく維持できるくらいだからです。このように30年×三世代＝90年くらいの時間が確実に必要となります。

しかも今の状況では、出生率が2・07（人口が減らない数）になるとは想像さえできませんから、人口増加策に本気で取りかかっても元に戻すには100年どころか150年や200年かかります。

単純に1学年＝100万人が安定的に生まれ続け、寿命が85歳に伸びたとしても総人口は8500万人にしかなりません。

これでさえ、考えにくい2・0という出生率が継続するということが前提であり、そのレベルであっても70年後は第2次大戦頃の人口に戻ってしまうということになります。

そもそも外食産業、流通産業、自動車販売、住宅販売、保険代理店、大半の業種は、このような人口動態の影響をまともに受けます。

特に高いシェアを持つ自動車や住宅メーカー、保険会社などの国内営業は直撃です。それで大手は各社とも海外に活路を見いだそうとしているのです。3000万人程度の減少は、中国やインド、インドネシアなどの人口増加からすれば微々たるものなので、各社がこぞって海外に活路を見いだそうとしていることは理にかなっているのです。

ただ、大半の外食業や中小流通業が、いきなりインド支店やジャカルタ支店を出すなどというわけにはいかないですから、どうやってこのマーケットの減少局面で生き残るか、別の手段を本気で考えなければならないのです。

短絡的に発想すれば葬儀業界、介護業界への参入などということも考えられますが、このような業界も40年後には「構造不況業種」になります。特に介護は、一旦始めると、不採算だから施設を閉鎖などということはできません。政治がしっかりしないと、私の子供の世代、あるいはもしかすると私自身が介護老人になった時には介護難民が大量に生み出され、本当に大変な社会不安が起こるのではと心配になります。

このように大変厳しい時代に突入することが明白な中、特に中小企業や地域のお店はこれからどうあるべきでしょうか？　残念ながら特効薬などありません。経営の質を高めること、すなわち、顧客に支持され、従業員が満足し、地域社会からの信頼を得て、独自の能力を高めていく、そのための仕組みづくりを、時間をかけて積み重ねていくこと。それしか生き残る手だてはないのです。

こうした生き残りをかけた会社や店舗のあるべき姿を、厳しい自動車販売業界の中で毅然として見せてくれたのが、リーマンショック後の２００９年1月に、1月の販売台数が過去最高だったという「ネッツトヨタ南国」なのです。同社は２００２年度日本経営品質賞受賞企業であり、『日本でいちばん大切にしたい会社』（あさ出版 坂本光司著）という本でも紹介されています。

これまでの日本では、マーケットが大きくなるのに合わせて都合のよいように、すべての仕組みがつくられてきました。政治、経済、行政の仕組み、銀行の仕組み、建設業界の仕組みなどみんなそうです。たとえば、建設業界の談合の仕組みなどはその典型です。パイが必ず大きくなるのだから、談合すれば、みんな均等に分け前にありつくことができたのです。銀行も「護送船団方式」といって、20年ほど前までは他行と同じことしかできませんでした。金利もなにもまったく同じだったのです。しかし、マーケットが縮小していく今、他社と違う発想で、他社と違うことをやっていかなければ、売上も利益も平均以下に落ち込んでしまうという状況にあります。

そんな中でもネッツトヨタ南国のように一人勝ちしてしまう企業が存在するということは、人と同じことしかできなければ業績は平均以下に大きく落ち込んでしまうという証明なのです。

改善プロセスの具体的実践事例

(1) 社員全員が社長と同じ視点で経営に参画することの重要性

「経営はこれまでの経験と勘で何とかなる」とのんきなことを言っていられる時代ではなくなりました。一人ひとりが自分で考え自分で判断しなければならない時代となったのです。この感覚の差が会社の成長の差になってきています。会社という組織活動は、社員一人ひとりの「自主性」と「創造性」にかかっていて、社員の一人ひとりが「自主的」「創造的」に仕事に取り組んでいれば、会社という組織も健全になっていくものです。ところが、どのように個人と組織を「エンパワーメント」（業務遂行などついて自主的な判断を委ねること）」したらよいのか、「エンパワーメント」

の重要性をしっかり教育してもいません。これでは、社員に多くのことを期待しても土台無理なことです。

だからこそ社員が社長と同じ視点で経営に参画できる仕組みをつくらなければなりません。

社員一人ひとりに「自主性」と「創造性」の意識を育んでいくことが、経営品質を高めるうえでもっとも大切なことになります。

私が経営品質のアセスメントを大切にしてきたのは、この目的達成のためです。

（2）マネジメントクオリティの重要性

かつて「米国に追いつき追い越せ」と頑張ってきた日本企業がやってきたことは、カンバン方式（生産現場で連続する工程間の仕掛在庫を最少にするための仕組み）やQCなどを導入して少しずつオペレーションの改善をすることでした。しかし、改善活動にはマネジメントとオペレーションの2つの面があります。マネジメントは経営全般の改革で、オペレーションは日常業務の改善です。オペレーションの改善は学びやすく、真似しやすいものです。

しかし、オペレーションの改善は、経営そのものの革新ではありません。どの会社でも目先の改善はやっているし、うまくやれば、先を行く組織に追いつくことまではできます。しかし、強い会社にするためには、オペレーションの改善だけでなく、他社が簡単に真似できないような組織風土の変革こそが、差別化の最大のポイントになるのです。

そのために経営者は「今日やっていることは、明日は通用しない」というくらいの気持ちを持つことが必要です。時代に適応するために企業があるのではなく、企業が永続的に活動するために時代に適応できる風土に変わっていかなければならないのです。これが本書でも触れている「不易流行」です。

他社が簡単には真似できない組織の風土は、従来発想のマネジメントスタイルからは生まれてきません。だからこそ独自の発想に基づく創造的破壊が必要なのです。

(3)「自主性」「創造性」「チームワーク」の風土をつくる

経営を革新していくエネルギーの源泉は、そこで働く従業員にあります。

そもそも会社は性別、国籍、年齢、学歴などの違うさまざまな人間が集まっているので、全体の方向性をまとめていくことは一筋縄ではいきません。帰属志向、序列意識、秩序志向の強い日本人をまとめるには、これまでは終身雇用を保証し、年功序列の組織制度をつくり、和をもって経営をしていけば何とかなったものです。

しかしこれからは、組織をまとめ、会社を経営していくためには、経営幹部は価値観の共有・共感・共鳴のために相当のエネルギーを費やしていかなければなりません。がむしゃらなやる気や頑張りのような精神論で動機づけるのではなく、失敗を恐れず未知の分野へ挑戦する前向きな精神と勇気を持ち、新しい道を開拓しようとする創造的なスピリットが必要となります。

それによって組織全員が「自主性」や「創造性」を高め、さらに「チームワーク」を結集できるような風土をつくり、それを組織自体のエネルギーにしていくことが重要なのです。これこそがコラボレーション能力と言えるものです。

J・アート・レストランシステムズの経営品質向上を支えていたのは、まさにその従業員の「自主性」と「創造性」と「チームワーク」に基づくコラボレーション能力そのものだったのです。

私は最近、各地の労働組合で求められて話をすることがありますが、多くの労働組合が経営者に要求しているのは、いまだに収入や休みのことばかりです。これでは昭和30年代と根本的に何も変わっていません。組合の組織率も低下するわけです。第4章で説明する米国の心理学者マズローの「欲求5段階説」で言えば、若い世代の欲求は、一番下の「生存安楽の欲求」ではなく、一番上の「自己実現の欲求」だからです。

私が、現在社員研修などを依頼されているクライアントの多くは、世間から給料は高い、休みが多いといわれている超一流企業です。しかし、そのような一流企業でも辞めてしまった人を何人も知っています。一方、私の会社では給料もボーナスも少なく、しかも盆暮れ正月、ゴールデンウィークはすべて仕事にもかかわらず、ほかの外食チェーンに比べて辞めていく人は少なかったのです。

やはり、一流企業でも、中小企業でも共通して言えることは、「ここで働いていれば自分の能力が発揮できる」、「良い仲間がいて人間的に成長できる」という自己実現の欲求に重きが移っているように思います。

労働組合の人たちに対して、経営者としての私がアドバイスするとすれば、次のような言葉を伝えます。

「みなさんがいつまで経っても、昭和30年代、40年代と同じことばっかり言っているから、従業員がついてこなくなってきているのではないですか？　従業員はもっと上の欲求を求めているのですよ」

「経営者の視点から申し上げれば、収入や休みなどはお金で解決できる問題ですよ。たとえばそれなりの大企業であれば、お金の問題ならば実は何とか対応できてしまう要求です。でも経営品質を高めて、自己実現の環境をつくってほしいと要求されれば、一流企業の社長といえどもおいそれとはできません。経営者にとってはこちらの要求の方がはるかに重い課題なのですよ」

（4）コアコンピタンス〈独自能力の3要素〉

ほかの組織と差別化するためには3つの要素があります。それは、「商品」、「技能（オペレーションスキル）」、「組織風土（コラボレーション能力）」です。差別化というと通常は最初の2つである商品の差別化と技能面の差別化しか思い浮かばない経営者が多いですが、サウスウェスト航空、リッツ・カールトンホテルなどの企業は、必ずしもこの2点だけで差別化しているわけではありません。価値観の共有・共感・共鳴がもたらす組織の風土で差別化しているのです。

①商品

私が経営していたイタリアンレストランに当てはめて考えると、商品での差別化とは、独自の味や手づくりへのこだわりなどになります。イタリアの高級店の40％以上で使用されている最高級の乾麺を輸入し、茹で上げて調理するなどがそれです。ピッツァも最高級のセモリナ粉をこねて、1日かけて熟成させたものを、手で伸ばし、薪の釜で焼いていました。ケーキもパンも数十種類あるのにもかかわらず、全部毎日お店で手づくりしていたのです。しかし、それでも商品などというものはすぐ他社に真似されてしまいます。

②技能（オペレーションスキル）

技能面ではどうでしょうか。当社の代々の総料理長はともに一流ホテル出身でした。パティシエはウィーンの有名菓子店で修業してきました。彼らの技を、当社の戦略商品であるピッツァ、パスタとケーキ・パンだけに限ってはアルバイトでも職人の技を身につけ、調理できる仕組みをつくりました。一般的に料理人や製菓職人でこのようにシステマティックな思考体系をもって、アルバイトたちに技術を伝授できる人たちはざらにはいませんから、大切な宝です。

しかしながらこれらの熟練者やアルバイトたちが他社に引き抜かれたら、一日にして当社の強みはなくなってしまいます。だからこそ、優秀な人たちが辞めてしまわないよう、他社にはない自己実現できる風土の組織を最優先で構築しなければならなかったのです。

③組織風土（「自主性」と「創造性」を育む仕組み）

社員の「創造性」をいかに発揮させるかが生き残りのための重要な条件であることは、多くの企業が自覚しています。他方で、従業員も「創造性」の源となる「自主性」を持っている人であればあるほど、自分の個性を伸ばしてくれる、自己実現の環境が職場にあることを期待しています。しかし、残念なことに多くの企業では「個性の尊重」は単なるスローガンや掛け声ばかりで、実態はまったく正反対の、没個性の横並び社員を排出しているのが現実です。

こうした古い体質の企業風土こそが、強い組織づくりにおいて足かせとなっていて、個性的な企業への脱皮を妨げる原因となっているのです。

企業にとって「創造性」が要求される時代であるということは、明らかに経営が難しい時代になったことの裏返しです。

企業体質を創造的に変革するという課題は、頭でいくら理解しても、まだ旧来の風土が根ざしている組織ではなかなか解決できません。社長が「自主的」で「創造的」でなくてはならないといくら声高に叫んでみても、現場の社員たちと意見がスレ違うだけです。

社長と社員たちが自由闊達に対話できるようになるためには、本音の部分を顕在化させる必要があります。当社では情報カードという仕組みがありましたが、この本音を顕在化させる仕組みとして大きく役立ちました。その効果は他の多くの会社でも活かされました。

なおこのことは本書の「おわりに」で、ある会社の方からいただいた手紙をご紹介しています。ぜひお読みください。

競合他社に差別化するための最大かつ最強のポイントは風土です。たとえば設備だけなら、リッツ・カールトンホテルよりも良いホテルもあるでしょう。でもなぜ、顧客はリッツ・カールトンホテルに何度も宿泊するのでしょうか？

15年ほど前、米国の航空業界では12万人もの社員をリストラし、ほとんどの大手航空会社は赤字となりました。1兆円近い公的資金が数社に投入された状態の中で、なぜかサウスウエスト航空だけはしっかり黒字を続けました。しかも一人も解雇しませんでした。どうしてでしょう？

他社と同じボーイング737を、短距離直行便に特化して食事も出さず、指定席券も発行しないのに人気があるのです。その独特の価値観と風土で差別化しているからなのです。ディズニーリゾートも同様です。

一握りの事例を除けば、商品やスキルはすぐに真似されてしまいます。しかし組織風土は、数字や言葉にできません。だから、わかっていても簡単に真似できません。こういうことこそが真の独自能力なのです。

規範の経営を正しく行うことが強い会社をつくる

近年、コンプライアンスに対する重要性が高まってきた背景には、企業の不祥事などが相次ぎ、それらに対応する法律が施行、強化され、遵守していこうという動きが広まってきたということが挙げられます。

その結果、企業経営の現場では、コンプライアンス・内部統制などの仕組みづくりに対して真剣に取り組まざるを得ない状況になっています。そんな風潮の中で、法律さえ守っていればそれで十分、とする企業も少なくありません。

コンプライアンスの本質は、より奥深いところにあります。コンプライアンスは単に（狭義の）「法令遵守」にとどまりません。

株主をはじめ、お客様、従業員など企業に関わるさまざまなステークホルダーの立場に立って、それら周囲の要求・期待にきちんと応えていこうとする行為、言い換えれば、会社全体の「経営の品格・品質」を高めていくことがとても大切になってきているのです。

もう少し具体的に説明してみましょう。まずは、きちんとした企業の理念を明確に掲げ、それを浸透させ、徹底していく仕組みをしっかりとしていくことが最重要課題として挙げられます。

もちろんそこには企業倫理・社会貢献など、社会的責任を含む企業の正しい「方向性・推進力」となるべき規範がきちんと明示されていなければなりません。また、その「理念」に基づき、「戦略」が策定・展開され、その戦略を遂行していくための「業務プロセス」がスムーズに執行管理されていかなければなりません。

そのためには、お客様の要求・期待を正しく理解し、その要求・期待にきちんと対応できるプロセスを整備していくこと、さらに情報の収集・分析・活用・共有がきちんと行われ、組織内外に開示されるように仕組みを整備するなど、情報マネジメントが正しく行われていく必要があります。これらのＰＤＣＡが日々正しく行われていれば、企業の財務的な成果も良好に推移するはずです。これらは経営品質向上のプロセスそのものです。

社員よし、顧客よし、世間よし、が共存している「三方よし」とも言える正しい経営の方向性を見失うことなく、そのための仕組みづくりをコツコツと実践していくこと。これこそがコンプライアンスのあるべき姿であり、企業に求められる社会的責任（CSR）を真に果たしていくことにつながっていくのです。

私が社長をしていたレストランチェーンでは、2000年から2003年頃まで4年間、社内の従業員やアルバイトの財布からお金が抜かれるという窃盗が後を絶ちませんでした。お恥ずかしい話ですが、私はほとんど社内の犯行だったと思っています。

しかし、その後、理念の徹底と価値観の共有・共感を進めていくうちに、風土が良くなった店から徐々に窃盗はなくなり、4年後には皆無になりました。「泥棒はするな、させるな」と安全マニュアルをいくら研修してもずっと窃盗はなくならなかったのに、「正しいことを正しくやる」という理念が浸透し、風土が変わっていくにつれて問題が消えていったのです。問題対処に終始していた時は何も改善しなかったのにです。

問題対処型組織から問題解決型組織へ

個人情報や金銭の管理、セクハラ・パワハラ対策など、問題対処型マニュアルばかりをつくってお茶を濁していても、そもそも、根源的に正しい理念・規範を共有・共感・共鳴することができていない会社や組織では、いたちごっこの繰り返しになってしまっています。次々に起こる不祥事の根本原因はここにあります。

経営目的である理念・規範を理解・浸透・共有させ、それをベースに、人材開発、情報マネジメント、顧客対応など業務システムのＰＤＣＡを正しく回していかないと、いくら規則で社員を縛り付けても問題解決型コンプライアンスは成果が出ません。

実際問題、これだけコンプライアンスの必要性が高まってきても、そして知識としてわかっていても、違法行為が次々と発覚しているのは、問題対処型コンプライアンスシステムの限界を証明しているのです。

そもそも規範である理念がおかしい組織は問題外です。理念・規範そのものもＰＤＣＡを実行する必要があり、理念・規範と戦略が相反していないかＰＤＣＡしなければなりません。さらにそのための執行管理プロセスをＰＤＣＡするという、三層でのチェックの仕組みが正しく機能しているかどうかに着目していくことが、重要なポイントとなってきます。そしてこれは、まさしく経営層に求められる重要な役割です。

過去不祥事を起こした会社では、本当に規範（価値観の共有・共感・共鳴）のＰＤＣＡはできていたのでしょうか？　それをせず、業務や業績結果のＰＤＣＡを回すことばかりやっていたということはなかったでしょうか？　業務のみをいかに巧みに回そうとしても、組織は正しく機能しません。

故事を例に出せば、「関ヶ原の戦い」で、石田三成の西軍は、業務プロセス（剣術、砲術、馬術など）や戦略で負けたのではなく、理念（価値観）の共有・共感・共鳴のＰＤＣＡができていなかったため、毛利・島津軍が計画通り動いてくれなかったり、小早川軍が寝返ったりしたことによって負けてしまったのです。

原則・規範に基づく経営が行われず、規則に基づく経営に終始している企業では、従業員たちが細かな規則・ルールにがんじがらめにされていて柔軟な対応ができず、組織の競争力さえもが失われがちです。ここに、現状の内部統制・コンプライアンスの大きな問題があります。

経営全体という視点でコンプライアンスを考え、経営層がきちんとした理念・規範を打ち出していくこと、そして、それが正しく示され、ＰＤＣＡのサイクルへと落とし込まれていけば、従業員は会社に誇りを持てるようになり、仕事に対する姿勢も大きく変わります。みんなが安心して生き生きと働ける毎日を過ごせるようにもなるでしょう。

その結果としてステークホルダーからも感謝され、特に、顧客からも喜ばれることで、社員のやる気も高まるという好循環が生まれ、生産性は著しく向上します。

このように、今こそ一番求められていることは、原則・規範の経営であり、規則・ルールの経営ではないのです。この点が、今まさに経営層が真剣に考えるべきコンプライアンスの本質なのではないでしょうか。[*2]

＊2
〈参考サイト〉
「日本の人事部」
（https://jinjibu.jp/article/detl/tieup/314/）
「コンプライアンス」が企業に
求めているものとは何か？　望月広愛　寄稿
（http://jinjibu.jp/）

第3章

経営学の発展にみる最強組織のつくり方の変遷

最強組織の法則を学ぶ

前章では、正しい規範・原則の経営の重要性について書きましたが、大昔からこのようなことがマネジメントにおいて大切であると言われてきたわけではありません。

今日、私たちは当たり前のようにマネジメントという言葉を使いますが、一体いつ頃からマネジメントという概念は生まれたのでしょうか？

昨今では、マネジメントという英語は経営と訳すことが多いのですが、私が社会人になったばかりのころは、誰もが管理と訳していたと思います。

そこで、本章では米国の経営学者ピーター・センゲが、１９９０年に表した著書『最強組織の法則』に到達するまでのマネジメントに対する概念の変遷について、簡単に説明していきます。

マックス・ヴェーバーの官僚制～命令通りやらせるのが一番効率的だった～

１５０年前は、中央集権化、マニュアル化、没個性の官僚制こそが生産性を上げる仕組みであると信じられていました。

当時は、西欧では貴族社会、そして帝国主義による植民地支配、ロシアでは農奴制といわれる奴隷制度が残っていました。そんな時代にドイツの経済学者マックス・ヴェーバーは現代まで営々と続く官僚制についての本格的な研究をしました。ヴェーバーは、産業革命後の帝国主義、貴族支配下の社会において、生産性を上げるための最も合理的なシステムとして官僚制に着目したのです。そして、その官僚制の持つ特質を詳細に分析し、官僚制の基本的な特徴を定義していきました。

ヴェーバーによって指摘された、生産性が高いはずの組織体制、すなわち官僚制の特徴は次の通りです。

権限の原則↓権限を中央に集約して、個々の人間には権限を与えない方が生産性は上がる
階層の原則↓縦割りの階層社会こそが重要で、階層こそが効率のよい指揮命令系統を実現する
専門性の原則↓専門性をもった組織こそが重要で、その集団こそが生産性を上げる
文書主義↓すべてはマニュアルが支配し、それ以外のことはやってはいけない

みなさんの周囲でも、このような官僚的なマネジメントをやっている人はいませんか？　人を奴隷や機械のように考える150年前のスタイルで、今の時代に生き残れるはずがありません。

テイラーの科学的管理法〜労働者は機械か？〜

米国の技術者フレデリック・ウィンズロー・テイラーは、労働者の行動を科学的に管理してみようという考え方の発案者で、「科学的管理法の父」と呼ばれています。

1878年頃にフィラデルフィアのミッドベール・スチール社で“Taylor Shop System”と呼

ばれる科学的管理法を編み出し、さらに実践を重ねることによって、工作機械の改良や作業工程の改善を行い、労働コストの削減を達成していきます。

彼は、1898年にベスレヘム・スチール社に移り、そこで科学的管理法の見直しに着手し、労働者の作業や道具に至るまでの細部にわたる標準化を図り、生産管理計画立案の重要性を主張しました。作業をいくつかの工程に分割して、工程ごとに目標時間の設定をするという方法を確立したのです。

1911年に著書『科学的管理の原理』を出版しましたが、そのなかでテイラーは、次のように主張しています。

- 世間のマネジャーたちは実はマネジメントの素人であり、彼らのマネジメントのあり方をもっと学問的に研究していかなければならない
- 労働者はマネジメントに協力するべきである。それができれば労働組合など必要としないだろう（労使一体の取り組み）
- 科学的管理法を身につけたマネジャーが、協力的かつ革新的な労働者たちと協力することによってこそ、会社（組織）は最良の結果を得ることができる

いかがですか？ 1911年頃の主張は今でもそのまま通用していますから驚きますね。[*3]

＊3
〈参考文献・出典〉
フレデリック・テイラー著
『出来高払い制私案』（1895年）
『Shop Management（工場管理）』（1903年）
『科学的管理法の原理』（1911年）

アンリ・ファヨールのPlan Do See〜計画し、実行して、観察することが重要〜

次にテイラーの科学的管理法を発展させ、「PLAN DO SEE」という概念を世に広めたアンリ・ファヨールについてご紹介します。彼はフランスの経済学者で鉱山技師でもあります。

今でこそ、どこに行ってもPDCA、すなわち「PLAN DO CHECK ACTION」という言葉を当たり前のように使いますが、私が社会人になりたての頃は、まだPDCAとは誰も言ってはいませんでした。その代わり、当時は「PLAN DO SEE」と言う言葉が盛んに使われていました。そのような考え方は一体いつ頃から言われ始めたのでしょうか？

ジュール・アンリ・ファヨールは、「管理プロセス」という概念を、最初に学問的に追求した人で、「管理原則の父」とも呼ばれる場合もあります。

ファヨールは、自身の会社で経営を実践する中で得られたノウハウや工夫を、学問的に整理し、近代経営学の確立に大きな功績を残しました。

ファヨールと言えば1916年に出版した『産業ならびに一般の管理』という本が有名ですが、その著書の中で企業の経営には管理こそが最も重要であると指摘したのです。

そして管理（マネジメント）とはなにかを定義付けたうえで、マネジャーやマネジメントについての教育の必要性と可能性、そしてマネジメントのあるべき諸原則とそこに含まれる要素を明確に記述したのです。

これが管理過程論（Engines & Beacons of Management Process）のはじまりと言われています。この考え方が今日の経営品質の8つのカテゴリーにまで進化していくのです。

さて、ファヨールは、[*4] 著書『産業ならびに一般の管理』の中で、企業の経営活動を次の6つのプロセスに分類しました。

1. 技術に関する活動（生産、製造、加工）
2. 販売に関する活動（購買、販売、交換）
3. 財務活動（資本の調達・運用）
4. 保全活動（設備および従業員の保護）
5. 会計活動（財産目録、貸借対照表、原価、統計など）
6. マネジメント活動（計画、組織、指揮、調整および統制）

ファヨールは、中でも特に6つ目のマネジメント活動を重要視し、「マネジメントとは、計画し、組織し、指揮し、調整し、統制するプロセスである」とマネジメントを定義しました。それが、いわゆる「PLAN DO SEE」という言葉となり世界中に伝わっていったのです。ファヨールの主張した原則は実務体験に基づくものでしたから、とても説得力があったのですが、一方、これは経験論に過ぎず、マネジメントの本質的な認識を欠いているとか、管理原則の適用されるべき条件（経営環境）の分析がまだまだ不十分だなどという批判もありました。しかし、ピーター・センゲの『最強組織の法則』にたどり着くまでの重要な一里塚になったことは間違いありません。

＊4
〈参考文献・出典〉
アンリ・ファヨール著
『産業ならびに一般の管理』（1916年）
『公共心の覚醒』（1917年）
『国家の産業的無能力』（1921年）

次項ではさらに一歩進んで、どうやったら組織の生産性は上がるのか？　という疑問に挑戦し続けたメイヨーと、彼が8年間にわたり実施したホーソン実験について説明していきます。

エルトン・メイヨーのホーソン実験〜生産性は人間関係で決まる〜

米国の産業社会学者ジョージ・エルトン・メイヨーは、マックス・ヴェーバー以来主流だった、トップダウンオンリーの思想を大きく変えました。

彼はウェスタン・エレクトリック社のホーソン工場において、短期間かつ目先のインセンティブ（目的を達成させるための報奨など）よりも、むしろ意思決定に従業員を参画させるほうが仕事に対する満足度は上がることを発見したのです。

１９２４年に開始されたホーソン工場での実験にメイヨー自身が関与し始めたのは、彼がハーバードビジネススクールに産業研究の助教授として移った後の１９２８年でした。第2次大戦中にはＴＷＩ（Training Within Industry）プログラムを開発して監督者訓練計画の発展に貢献し、このプログラムはアメリカで広く取り入れられました。人生最後の2年間はイギリスで過ごし、産業問題に関するイギリス政府アドバイザーも務めました。

このＴＷＩプログラムは、後に戦後の日本で実施されたＣＣＳプログラム（ＧＨＱが東芝や日本電気など日本の通信メーカー経営者・幹部たちを集めて１２８時間以上にわたり実施した経営者講座）につながっていると推測されます。

日本における品質管理の基礎を作ったＣＣＳの話は大変興味深い内容です。国土は荒れ果て、富裕層でさえ多くは生活もままならなかった中で、占領された国の経営者たちにきちんと経営の基本を教えようとしたアメリカという国はやはり侮れません。

メイヨーが良く知られているのは、ホーソン実験の結果を報告する『産業文明における人間問題』（The Human Problems of an Industrial Civilisation）を世に出したからです。

ホーソン実験（Hawthorne effect）とは、1924年から1932年までシカゴ郊外にあるウェスタン・エレクトリック社のホーソン工場（Hawthorne plant）において行われた一連の調査実験のことを言います。

1920年代、ウェスタン・エレクトリック社のホーソン工場はシカゴにありました。2万9000人ほどの従業員を抱え、おもにAT&T向けに電話機や電話関連機器を製造していました。この会社は先進的な人事方針を持つことで知られており、アメリカ学術研究会議による職場の照明と作業員各人の効率との関係についての調査研究を喜んで受け入れたのです。これがいわゆるホーソン実験と言われるものです。

心理学教授レスリスバーガーと精神科医師のエルトン・メイヨーたち[*5]は、まず物理的な作業条件の違いが従業員の作業能率にどのような影響を及ぼしているかを分析することにしました。

ここで、少しだけその実験内容を説明します。

①照明実験

工場の照明が作業能率にどんな影響を与えているかを調査するための実験でした。しかし、

＊5
〈参考文献・出典〉
エルトン・メイヨー著
『産業文明における人間問題』（The Human Problems of an Industrial Civilisation）
イニシアコンサルティング社HPより一部引用

照明を明るくした場合だけでなく、暗くしても、従来に比べて作業能率が高くなることがしばしばあることがわかりました。

②リレー組み立て実験

賃金、休憩時間、軽食、部屋の温度・湿度など条件を変えながら、６人の女性従業員が継電器を組み立てる作業能率がどのように変化するかを調査しました。しかし、どのように変更を行っても実験が進むにつれて作業能率は上昇してしまいました。しかも、なんと途中で、もとの労働条件に戻した（賃金を下げた）場合にも、作業能率は上昇したのです。つまり、賃金でさえ生産性には関係ないということがわかったのです。

この実験結果は驚くべきもので、週を重ねるごとに選ばれたグループの生産高（１日当たり、および週当たりの生産高）は右肩上がりになったわけです。

では、なぜ作業部屋の条件を変えても賃金を下げても生産性は影響を受けなかったのでしょうか。それは女性工員が「多数の従業員の中から選ばれて実験に参加しているのだから、がんばらなければ」という感覚を持ったからでした。彼女たちが持っていた「選ばれている」という感覚が生産性に大きな影響を与えたわけです。

また集団で作業を行っていることによるプレッシャーなども影響があったと言われています。女性工員たちは、もともと物理的には他の工員といっしょに働いていたものの、本来は個々ばらばらの存在でした。しかし多くの工員の中から選ばれたことによって、一人ひとりが信頼と協力で結ばれた作業集団の一員という意識を持つようになり、これが一体感や達成感をもたらし、それが生産性を高めるように作用したのです。

③面接実験

延べ2万1126人もの労働者の話を聞くという実験でした。その結果、労働者のやる気や仕事は、その日その時の感情から切り離すことができないこと、さらに、職場での労働者の意欲は、その個人的な経歴や個人の職場での人間関係に大きく左右されるもので、物理的な職場環境による影響は比較的少ない、ということがわかりました。

④バンク配線作業実験

職種の異なる労働者によってグループをつくり、バンク（電話交換機の端子）の配線作業を行い、そのチームワークの成果を計測してみようという実験でした。しかし実際には、各労働者は自分の労働量を自分で適当に調整している（うまく手を抜いている）こと、品質検査の工程では、検査自体の質（仕事の質）は、本人の能力の差ではなく、管理者（検査官）と労働者の人間関係の差こそがチームワークの成果に影響すること、つまり、労働者の生産性の違いは、労働者の能力的な差によるものではなかったことがわかりました。

これらの実験の結果、労働者の生産性は物理的な職場環境の違いよりも、職場におけるお互いの人間関係や目標意識の共有度合いに左右されるのではないか、という仮説が導き出されたのです。

昨今多くの職場で成果が上がらないと嘆いている管理者がたくさんいます。しかしながら、現在、多くの会社やお店が抱えている「生産性をどうしたら上げられるのか」という、最大の課題に対する回答は、このように70年以上も前に明確に出されているのです。

また、メイヨーたちは、組織内には、クリスマスパーティーやスポーツ同好会、ボランティアチームのような非公式組織が存在すること、このような非公式組織における仲間意識や集団内の規範が作業能率に強い影響を与えることを突き止めたのです。

これなどは車の販売店でも、外食業でも流通業でも、保険代理店でもまったく同じように当てはまります。

たとえば、巻末でご紹介させていただいている山口の東海総合保険事務所という保険代理店には野球チームがあります。また、同社も、前述のネッツトヨタ南国も、お客様も多数参加される旅行が行われています。このようなつながりがあるからこそ互いの信頼感が醸成され、すばらしい業績につながっていると説明できるのです。

20世紀初頭に、人間の感情を排除して機械的な人間観に基づいた科学的管理法が、フレデリック・テイラーによって提唱されて以来、経営管理論の主流だったのですが、このホーソン実験以降、マネジメントのポイントは軍隊を管理するようなトップダウンのやり方から、組織内の人間関係論へと変わっていったのです。

しかしながら、最強組織への道のりはまだまだ続くのです。

リッカートのグループ・ダイナミクス～高業績チームには、共通の理念が必要～

20世紀初頭に、テイラーの科学的管理法によって、人間の感情を排除して機械的に人間を取り扱うことが生産性を上げると信じられていた経営管理論は、前項で説明したように、ホーソン実験によって組織内の人間関係論が重要なキーポイントになっているということがわかり、研究の主眼が大きく変わっていきます。

人間関係が大切だなどということを、そもそも人間の感情を排除して機械的な人間観に基づき考えていたテイラーらは、科学的管理法を進化させていく際にまったく想定していませんでした。

ホーソン工場での実験が行われたことによってはじめて、私たちは人間の心理的側面、内面的側面が組織の生産性を上げていくうえで重要だということがわかったのです。これにより、機械的人間観ではない新たなマネジメントのあり方が多くの人たちによってさらに模索されていきます。こうして出てきたのが人間関係論です。つまり「人間の心理的側面、内面的な側面を重要視して新たな組織理論／マネジメント論を考えようじゃないか」ということになっていくのです。

以前、ある会社の支店長が「社員同士、あるいは社員と派遣社員は余計な話はしてはいけない、さらに勤務時間外の飲み会やボーリング大会などもやってはいけない」と言ったことによって、部下がやる気を失っている場面に遭遇しました。支店長に理由を聞いたら「仲良くなると怒れなくなるからだ」ということでした。これではまったくテイラー以前の、奴隷制度の時代の管理方法です。

私は、愛情があればこそ叱っても相手の心に響くのだと思います。子供と同じで、もし家庭内で会話をなくし、ご飯も一緒に食べないようにして、旅行も一緒に行ってはいけないなどと親が率先して行動したらどうなるでしょう？

勉強しない子供に親が怒っても、子供は聞く耳を持ちませんし、ぐれてしまうでしょう。叱ることができるのも良好な人間関係があればこそです。

ホーソン工場実験では、集団が個人の生産性に強い影響を与えていることがわかりました。この実験結果は経営学だけでなく、それに関連する学問の分野にも大きな影響を与えました。

そのひとつは組織と人間関係について、さらに組織とリーダーシップの関係に関する研究です。

経営学における組織論の分野では、個人個人が集まって組織をつくったときに、みんなに共通してその存在が認められた集団という「枠組み」が、各メンバーにどのような力を及ぼすのかということが研究されています。このような研究を「グループ・ダイナミクス」と言います。

基本的にグループ・ダイナミクスでは集団の動きを、「集団の凝集性（組織自体が持つ求心力）」、「集団の持つ圧力」、「集団の目指す目標の重要性」、「集団を引っ張るリーダーシップの重要性」の概念に分けて分析がなされていきました。その結果、人は組織において受け入れられ、その一員として認められた時に、所属する組織に強い魅力を感じるということがわかったのです。組織の魅力とは集団凝集性という言葉で表現されています。つまり「個人がその組織にとどまりたいと思わせる力の強さ」です。この集団凝集性こそが、集団の圧力、集団の目標、リーダーシップ、つまり組織活動において大変重要な概念であることが明らかにされたのです。

生産性向上のためには人間関係と貢献を認め合うことが大切

本書のテーマでもある、「最強の組織をつくるにはどうしたらよいのだろう」という研究は80年くらい前から本格化しました。つまり、野球やサッカー、オーケストラなどにたとえるとわかりやすいと思いますが、個人個人が集まって組織をつくったときに、一人ひとりにとって共通の大切なチームという「枠組み」「存在」こそが、各メンバーにどのような力を及ぼすのか、そしてその力はどのような条件によって左右されるのかということが研究されているのです。

要するに、ジャイアンツやタイガースに入団することが夢だった野球選手たちにとって、ジャイアンツやタイガースというチームの存在やユニフォームを着ていることそのものが、何らかの力を生んでいるのではないか、という研究です。研究の結果、人は組織において受け入れられ、その一員として認められた時に、所属する組織に強い魅力を感じるということがわかったのです。

このグループ・ダイナミクスの研究結果を用いながら、リーダーシップの大切さを探り、体系的で実践的なモデルを明確にしたのが米国の行動学者リッカートです。リッカ!トが主張する管理の方法は基本的には3つの原則に基づいています。

第一の原則は支持的関係の原則です。この原則は、管理者は部下に対してきちんと関心を示すこと、社員たちそれぞれが上司や仲間から支持され、人間としての重要性や存在価値が認められ、自己の能力が十分発揮されていると信じられるような状態をつくっていくことが重要だということです。

グループ・ダイナミクスの研究では、社員が組織において受け入れられ、存在価値が認められると、その所属する組織に強い魅力を感じ、強いチームワークができるという結果が報告されています。簡単に言うと「本気で目をかけてくれているな」と感じたら、人間誰しも悪い気持ちにはならないということです。

第二の原則は、組織を形成するうえで、個人ではなく小集団を一つの単位として、その集団で意思決定を行うということです。こうすることによって社員たちが組織の意思決定に参加することが可能になります。グループ・ダイナミクスの研究では、集団の目標設定に参画できるということは、社員たちのやる気を著しく高めると結論づけられています。

重要なことは「組織のビルディングブロック（構成単位）は個人ではなく集団」ということです。小集団の集積が組織を成立させると考えることがリッカート理論の基本で、組織活動のポイントは集団のマネジメントにこそあるとしています。

多くの日本企業で行われている自主的な小集団活動が企業の生産性にプラスの影響を及ぼしていると言われますが、簡単に言えばＰＤＣＡのＰからみんなが参加するということが良い結果をもたらすということです。

第三の原則は、高い目標の原則です。従来の人間関係論は、社長やマネジャーたちは社員や作業者たちに対してもっと関心を示すべきだという考え方が主流でした。

しかしリッカートは、高い目標を掲げることによって人間の自己実現欲を満たし、その結果、生産性が向上すると主張しました。勘違いしないでいただきたいのは、この高い目標とは販売目標だけではありません。それも含まれますが、質的な高い目標を示していかないと、持続的な高い成果を実現することはできないわけです。

自己実現欲というのは、人間として成長を感じたいということです。これは後述のマズローの欲求5段階説で説明します。

いずれにせよ、考える権限を与えられた集団で、かつ互いの存在を認め合える集団でなければ成果は出ないということが、たくさんの実験で実証されているのです。[*6]

高業績チームのマネジメントスタイル「志の違い」

次に、『入門から応用へ 行動科学の展開 人的資源の活用』（ポール・ハーシィ著 生産性出版）の中から、高業績スタイルのマネジメントスタイルについて考えていきます。言い換えると「質を伴う成長を目指す」ことが、理にかなったことなのだということを、リッカートが見つけ出した高業績チームのマネジメントスタイルについて説明することで明らかにします。

＊6
〈参考文献・出典〉
株式会社イニシア・コンサルティングHP
（http://www.initiaconsulting.co.jp/）
ハーシ＝ブランチャード『入門から応用へ 行動科学の展開 人的資源の活用』生産性出版 1978年より一部引用

リッカートは多くの組織を分析した結果、一般に行われているマネジメントのスタイルは、大きく４つに分類することができることを見つけ出しました。そして、それらは１本の直線上に位置付けられることも発見したのです。４つのマネジメントスタイルはシステム１からシステム４と呼ばれ、次のような内容となります。

みなさんの組織が今どのようなレベルなのか、ぜひ当てはめながら考えてみてください。

〈システム１〉

管理者は部下を信頼していない。部下をいかなる意思決定にもほとんど参画させることはなく、たいていの意思決定や組織目標の決定はトップが行い、命令系統を通ってこれが下に降ろされる。部下は恐れと脅し、懲罰と報償に基づいて働かされ、生理的・安定欲求レベル（収入）の充足がかろうじて得られている。統制機能はほとんどトップに集約されており、オフィシャルな組織目標に反抗する非公式組織（労働組合など）が発生しやすい。

〈システム２〉

管理者は部下に対し、ちょうど主人が召使いに対してやるように、信用はするが恩着せがましさをいちいち出す。たいていの意思決定や組織目標の設定はトップで行われるが、あらかじめ定めた一定の範囲内でのみ、おおよその決定が下位レベルの人たちで行われる。動機付けには報償と懲罰を与えること、もしくは罰をほのめかすことが用いられる。統制機能は依然としてトップに集中しているが、中間及び下位レベルにもある程度の権限委譲が行われている。非公式組織の発生は普通に起こってくるが、それは必ずしも組織の目標に反抗するものではない。

〈システム3〉

管理者は部下に対し、全面的ではないまでも相当程度の信頼を寄せている。基本の方針や全般的な決定はトップで行われるが、低位レベルの個別の問題に関する決定は部下にも認められている。組織の上から下へ、下から上への両面コミュニケーションが行われる。動機付けには報償と時により懲罰、そしてある程度の意思決定への参画とが用いられる。統制機能のかなりの部分が、責任の共有意識を持って下位に委譲されている。非公式組織が発生することもあり、組織の目標に協調することもあれば部分的に反抗することもある。（権限が委譲されてくると自分たちで会社をどうしたいか考えるようになるため、この傾向が出やすくなる）

〈システム4〉

管理者は部下を全面的に信頼し信用している。意思決定は広く組織全体で行われているが、バラバラにはならずうまく統合されている。コミュニケーションは、上下方向のみならず、同僚間でも行われる。構成員は、報償制度の策定、目標設定、仕事の改善、目標達成課程の評価にも参画が許され、関与させられており、これによって動機付けられる。統制機能については、低位の職場単位まで完全に責任を分掌している。公式組織と非公式組織が一致してしまうことも珍しくなく、すべての勢力が設定された組織目標の達成に向けられる。

これらの概念的なマネジメントシステムを評価する技法を開発したリッカートは、多数の管理者に、最も生産的／非生産的な部署はシステム1からシステム4までのどこに位置するかを聞いてみました。すると、高い生産性を達成している部署はシステム4に近いという結果が出てきました。つまりシステム4のような、チームワークと相互の信用・信頼に基礎をおく管理スタイルが取られているチームは生産性が高くなるということが、80年も前に実証されているのです。

いかがですか？　どの組織が一番高い業績を上げているかは言うまでもないですね。

このマネジメントシステムを評価する技法が進化したものが、経営品質のアセスメント基準書です。

「A Great Place to Work」に至る道は、これでもまだ第2次世界大戦前のレベルです。

昨今数字が上がらないと言って、１００年前のマネジメントスタイルで指示命令している社長さんたちが世の中にはたくさんいます。しかし、これでは持続的に数字は上がらないし、決して長続きしないのです。

このようなことをわかっているができない人と、伊那食品工業やネッツトヨタ南国のように、自然にコツコツと実践している人たちの両者が存在します。この違いの積み重ねを30年や50年という単位で見ると、とても大きな差となってはっきり現れるのです。どうせ自分は3年か5年で変わるから関係ないと思っている経営者や幹部と、先を見据えて行動しているリーダーの違い、これこそが「志の違い」と言われるものです。

チェスター・バーナード〜経営者の役割が明確に〜

チェスター・バーナード[*7]は、強い組織をつくるには、個人個人が組織のために頑張ろうとする気持ちを大切にし、そのためには組織の「共通の目的」（理念など）を明確にしたうえで、「コミュニケーション」を良くすることの3つの要素が必要であることを見つけました。

この研究によって、はじめて「目的」「理念」の大切さが見つけ出されたのです。

さらに、組織の共通目的と、個々の社員の貢献意欲をうまくつなぎ合わせていくためには、コミュニケーション（飲み会やパーティ、スポーツチームなどのような非公式なものを含む）が重要だということを、バーナードが体系的に整理したのです。

バーナードは、アメリカのベル電話システム傘下のニュージャージー・ベル電話会社の社長でした。社長在任中の1938年に主著『経営者の役割』を刊行し、それによって科学的管理法のフレデリック・テイラーと並び称されるほど経営学者としての名声を確立しました。

私が本書で説明している最強組織の法則、つまり「強い組織論」は、社会科学上の組織を研究する学問です。自然科学と違って、強い組織をつくるための答えはいくつも存在するものです。「組織論」は単に経営学の一分野ではありません。社会学や政治学、心理学、行動科学などが複雑に絡み合ったもので、強い組織をつくり出すためには、経営者はこのような幅広い要素を知らなければならないのです。

＊7
〈参考文献・主な著作〉
『経営者の役割』山本安次郎・田杉競・飯野春樹訳
『組織と管理』飯野春樹監訳・日本バーナード協会訳
『経営者の哲学』飯野春樹監訳・日本バーナード協会訳
経営学史学会編『経営学史辞典』（文眞堂、2002年）
飯野春樹編『バーナード 経営者の役割』（有斐閣、1979年）
飯野春樹『バーナード研究』（文眞堂、1978年）

現代的な組織論は、20世紀の2つの大きな世界大戦に向けて、軍隊や工場のような組織が急激に巨大化するにつれて、生産性向上に対しての関心が世界の列強各国で強まったために本格的に研究されるようになったのです。

バーナードの主張はとてもわかりやすく、社会にすんなり受け入れられました。

「やる気の研究」が進化していく

第2次世界大戦後、最強組織の法則への道は進化するどころか大きな遠回りをすることになります。なぜなら需要と供給のバランスが大きく変わってしまい、概して言えばあまり考えなくても売れる時代が30年ほど続くことになったからです。

戦争が終わり、世界中で急速な復興がはじまります。米国以外の多くの国において、とにかく物資が足りない時代が1970年頃まで続くことになります。特に我が国は何もかも壊滅的に破壊されてしまいましたから、とにかく作れば売れる、出せば売れるという時代が昭和40年代後半まで続きました。

ですから、ある程度お客様の立場に立った姿勢で仕事ができていれば、おおよその会社も発展することができましたが、「三方よし」を実践し、大きく繁栄した会社もたくさんありましたが、すばらしい会社の共通点は、経営品質の4つの理念である「従業員重視」「顧客本位」「社会との調和」「独自能力」をコツコツとバランス良く進化させていたことにあります。

その代表例が、30年以上増収増益を続けた株式会社イビサや、50年近く増収増益を続けた伊那食品工業だったわけです。

やがて、売れない時代に突入する前後から、近年の組織論は大きく変化していきます。

ベトナム戦争の泥沼化や昭和46年のドルショック（ドルの金兌換《きんだかん》停止）あたりから、内外の経営環境は大きく変わり始めました。そのような環境の変化に対応していくための新しい考え方や組織としての行動様式を探していくことで、企業は創造的に進化していていきました。

例えば、「カイゼン」を大きな特徴とする日本企業は、労働者を機械の一部ではなく問題解決者と位置づけ、生産現場におけるボトムアップ型の小集団活動を行うことで行動様式を継続的に革新し、生産性向上を達成していきました。

そんな中、社員のやる気を引き出すということに経営のポイントが大きくフォーカスされていき、そのための研究が進化していきます。

多くの経営者やマネジャーたちが常に悩んでいることは、社員のやる気を引き出し、能力を伸ばすためにはどのようなことに気をつけて経営をしていくべきかということなのです。そこで次章からは、やる気について考察していきます。

第4章

やる気について考える

やる気を高める本質

人事制度や評価制度を変えても、なかなか「社員のやる気」が上がらないと悩んでいる人たちはたくさんいます。

そもそも社員のやる気の本質を理解しようとしなければ、どんな制度であってもうまくいきません。まず、社員の労働意欲がどういう状況なのかを客観的に調べておかなければならず、そのためによく使われる方法として「モラールサーベイ」と言われるものがあります。その分析をもとに、社員の「やる気」を高めていこうとするわけです。しかし、調査すればやる気が上がるわけでもありません。

昨今多くの会社で職場満足度を測定していますが、社員のやる気（モチベーション）は、社員に対する「考課・評価」と「教育・指導」のあり方が大きく影響します。だから、人事考課や賃金制度に能力主義・成果主義を組み込んだり、年俸制を取り入れたりするのも、決して人件費を抑えることが主な目的ではなく、社員個人の業績結果を直接的に評価し、公正に処遇することによって、やる気を引き起こそうと考えるためです。

また、社員の自主性と創造性の発揮を重んじてコーチングやサポートを行い、良いコミュニケーションのもとで目標管理を行おうとするのも、同様の目的のためです。しかし問題は、評価制度を変えてみても、「社員のやる気」そのものの本質を理解しなければうまくいかないということです。

このような社員の労働意欲を高めるための手法は、急速に進化してきました。そこで、本章ではこのような理論をわかりやすく解説していきます。

マズローの欲求5段階説～人は金や休みだけでモチベーションが上がるわけではない～

最強組織に欠かせないこと、それは働く人の「やる気」です。そこで、「やる気」を高めるためのいくつかの理論を、歴史的変遷とともに考えていきます。

前述したチェスター・バーナード以降、働く人のやる気が生産性に強い影響を与えるということが注目され、その科学的証明のために多くの研究者・経営者たちが社会科学的アプローチによる試行錯誤を繰り返してきました。

そこで、やる気の研究では欠かすことのできない米国の心理学者で、人間性心理学の生みの親とされるマズローの理論をご紹介したいと思います。人間性心理学とは、心の健康（メンタルヘルス）について研究する心理学のことです。その中でも特に、人間の自己実現の欲求についての研究が有名です。

マズローの理論は、「自己実現理論（欲求5段階説）」と呼ばれていますが、人間の欲求には段階があるのだということを主張しています。

マズローは、人間の基本的欲求を低次から、次の5段階に分類しました。

生理的欲求（physiological needs）→より多くの収入や休みがほしい
安全の欲求（safety needs）→良いお客様や仲間がいて、安心して仕事がしたい
所属と愛の欲求（social needs/love and belonging）→胸を張れる組織で働きたい
承認の欲求（esteem）→自分の存在が認められたい
自己実現の欲求（self-actualization）→自分の能力が最大限発揮でき、成長を感じたい

このことからこの理論は「欲求5段階説」とも呼ばれるわけです。また、「生理的欲求」から「承認の欲求」までの4階層に動機付けられた欲求を「欠乏欲求」（deficiency needs）とし、生理的欲求を除き、これらの欲求が満たされない時、人は不安や緊張を感じるという、私たちの本能的な気持ちを整理してくれました。

そして、この「自己実現の欲求」に動機付けられた欲求を「成長欲求」としているのです。

このことをもう少しわかりやすく説明してみましょう。

人間は満たされない欲求があると、それを充足しようと行動します。そのうえで、欲求には優先度があり、低次の欲求が充足されると、より高次の欲求へと段階的に移行することが明らかになってきました。

たとえば、ある人がやりがいを持って楽しく仕事ができていた（高次の欲求の段階にいた）としても、会社が倒産するなどして収入が途絶える（低次の欲求が満たされなくなる）と、一時的には職種を選ぶ余裕もなく、なりふり構わず仕事をして収入を確保しようとします（段階を降りてその欲

求の回復に向かう)。

その欲求が満たされてくると、再びやりがいを求めるようになる（元にいた欲求の段階に戻る）のです。このように、やりがいの段階は一方通行ではなく、双方向に行き来します。

また、最高次の自己実現欲求だけは、一度充足したとしてもより強く充足させようと志向し、終わりなく求め続けるものだと述べています。「衣食足りて礼節を知る」のような感じですが、これまでご紹介してきた「ネッツトヨタ南国」「伊那食品工業」あるいは北九州の「美容室バグジー」などは、みな共通してこの自己実現の欲求を満たすことを会社の目的にしています。

その逆で、世の中には、「これだけ金を払っているのだからしっかり働け」とばかり言う社長やリーダーがたくさんいます。しかし、それは最も低い欲求を満たせば人は動くと考えている人たちで、そんなことでは人の「やる気」を継続的に高め続けることはできないということを知らないのです。

このように人の「やる気」の本質がわからない経営者たちの周囲には、いつも一番下の欲求を求める（やりがいより、金と休みばかり求める）社員たちばかりが集まるようになり、結果としていつまでたっても人は育たず、トラブルも続出し、結局、経営者自身が疲れ果ててしまうのです。

マズローは、晩年には、「自己実現の欲求」のさらに高次に「自己超越の欲求」があるとしました。この考えが、後のトランスパーソナル心理学の源流ともなっていきます。

［自己超越者（transcenders）の特徴］

・「存在している」(Being) 世界について、よく知っている
・「存在している」(Being) レベルで生きている
・統合された意識を持つ
・多視点的な思考ができる
・落ち着いていて、瞑想的な認知をする
・深い洞察を得た経験が、今までにある
・他者の不幸に罪悪感を抱く
・創造的である
・謙虚である
・聡明である
・外見は普通である (very normal on the outside)

私には、もはや説明不能の哲学的領域となりますが、宗教の高僧のような人たちでしょうか？この自己超越に達する人は極めて少ないのですが、マズローによると、このレベルに達している人はそれでも人口の2％ほどいると言うのです。でも、こう考えると、人間は何歳になっても永遠に成長はあり得るのだと思えるようになりますね。

私たちは成長を感じていれば楽しくなります。だから自分自身の人生を明るくするためにも自己実現と自己超越の領域を、死ぬまで目指していくことはとても大切なことだと思います。

マクレガーのX理論、Y理論

次に、米国の心理学者ダグラス・マクレガーの「X理論・Y理論」について説明します。マクレガーは、著書の『企業の人間的側面』が有名で、心理学者であり経営学者です。

X理論とは性悪説に基づく経営、Y理論とは性善説に基づく経営のことです。

この考え方が、その後の行動科学、人間行動理論の代表的な理論となっていきます。

簡単に言えば、上司としての権限を行使し、命令統制による経営手法のことをX理論として批判し、一方、価値観が統合され、社員一人ひとりが責任をもって自己統制していくような経営スタイル、すなわちY理論が、良い経営手法となると主張しました。

これはご紹介したマズローが唱えた欲求5段階説に基づいていますが、X理論とY理論の間には明確な境界はなく、多くのリーダーやマネジャーたちはXとYの微妙なバランスのうえで仕事をしています。

X理論は低次元の欲求を多く持つ人間（収入・休みばかりを求める人たち）を動かすのに有効な動機付けモデルであり、Y理論は高次元の欲求を多く持つ人間（やりがいや成長を求める人たち）を動かすための動機付けに有効とされています。

つまり、マクレガーは、低次元の欲求が満たされている人（収入・休みなどがある程度満たされている人たち）に対しては、X理論に基づくマネジメントではやる気を高めるような効果は期待できないと主張しましたが、私も同感です。

そして彼は、第2次大戦後の米国のように、空前の豊かな社会を実現できていた時期ではY理論に基づいたマネジメントが望ましい、と主張したのです。では2つの理論はどのような考え方なのでしょうか？　次に説明します。

〈X理論〉

「人間は本来なまけたがる生き物で、責任を取りたがらず、放っておくと仕事をしなくなる」という考え方です。命令、強制、恐怖で管理し、目標が達成できなければ懲罰を行うといった、「アメとムチ」によるマネジメント手法のことです。

〈Y理論〉

「人間は本来進んで働きたがる生き物で、自己実現のために自ら行動し、進んで問題解決をする」という考え方です。この場合、社員の自主性と創造性を尊重するようなマネジメント手法となり、社員が高次元の欲求、すなわち成長と自己実現の欲求を持っている場合に有効なものです。

一方、マズローはY理論に手を加え、発展的にY理論を修正しています。

マズローによると、ある会社を取り巻く環境が低次元の欲求に支配されていれば、Y理論的な経営は持続できないとしました。

具体的には貧困な状況に置かれた発展途上国などでは、貧困からくる金銭的欲求が強く、それゆえ目先の利益追求を優先してしまい、本来のY理論的な経営を行える状況にはならないというのです。要するに組織の成熟度が未熟なレベルだと、「衣食足りて礼節を知る」ことはできないということです。

さて、みなさんの会社はどの段階にあるのでしょうか？　こんな成熟した社会にいて、依然として途上国のようにX理論でしかマネジメントできないとリーダーが思っているとしたら、その会社に将来はないでしょう。衣食足りている日本ではY理論中心の会社もすでにたくさん存在しています。仮にX理論の段階でしかマネジメントできないような会社は、Y理論の会社にどんどん差をつけられていくのです。

次に、将来生き残りが難しいと思われる、成熟度の低い組織風土でよく見られるマネジメントスタイルであるX理論について、より詳しく説明したいと思います。ご自分が所属する組織において、次の項目がたくさん当てはまるようではかなり危険な兆候と言えるでしょう。

X理論の特徴

①人間観

X理論の人間観は性悪説に基づいていますので、基本的に人間を蔑視した考えです。わかりやすく言うと、社員はそもそも仕事が嫌いであり、ちょっと気を抜けばすぐに責任を回避し、サボろうとすると決めつけて考えます。そして保守的で新たなことは面倒くさがってやろうとしないに決まっているという考え方がベースとなっています。

②人間関係

人間関係づくりの前提は不信です。つまり、社員は信用してはいけない。社員は信用したら必ず裏切られるという考え方です。

③動機付けの方法

賃金と出世をちらつかせたやり方に終始します。そして命令と処罰が基本的なスタンスとなります。

④組織の価値観

組織を支配している価値観は、昇進がすべてです。「昇進できないやつは落伍者」であり、場合によっては人間性さえも否定されます。

⑤組織マネジメントの原則

命令と中央統制、階層社会を基本とした中央集権集団です。

⑥上司の役割

主に部下の管理に終始しています。

⑦本部や支援部門の役割

本部や総務、経理、人事など支援部門の役割は現場の管理で、その管理のあり方は計数主義、原則はいつもシステム化・マニュアル化で、例外を認めないスタイルです。

⑧報酬

売上などの業績評定をベースとしますが、社員と利益分配するという考え方はありません。

⑨人材育成のスタンス

工業的で「鋳型にはめる」ように育てます。

さて、みなさんの組織ではいかがでしょうか？　あるいはみなさん自身がこのようなスタイルの組織で働きたいと思うでしょうか？　これで社員のやりがいは高まるでしょうか？　さらに変化に富んだ市場環境の中で生き残っていけると思いますか？

Y理論の特徴

では、成熟度の高い組織のマネジメントスタイルとして目指すべき方向性を示すY理論について説明します。永続的に卓越した業績を上げ続ける強い組織づくりの基本となる理論です。

①人間観

基本的人間観は性善説に基づいています。基本的に人間を信頼するという考えです。そして人間にとってそもそも働くことは楽しいことであり、前向きに取り組んでくれる、信頼して任せれば責任を引き受け、野心的に働いてくれるはずだということです。

②人間関係

人間関係づくりは信頼が前提です。動機付けの方法は能力の最大発揮できる環境づくりと人間的成長が得られる職場づくりの理念です。自己実現の欲求を満たすことです。

③組織の価値観

ラインの管理者になるという昇進がすべてではなく、スペシャリストとして、専門家としての能力発揮の道も認められる組織であるということです。

④組織の原則

トップダウンで管理されるのではなく、心が通う有機的な統合と個々の社員の自己統制、そしてフラット化した分権が基本です。

⑤上司の役割

部下の管理ではなく、部下の自立の支援です。

⑥本部や支援部門の役割

現場の管理ではなく、支援です。管理のあり方は現場の組織の自己管理を由とし、現場主義、臨機応変を可と考えます。

⑦報酬

業績貢献度をベースとした利益分配制度に基づきます。

⑧人材育成のスタンス

農業的で、成長の条件をつくって自己啓発に任せます。

いかがですか？　わかってはいてもなかなか簡単にできることばかりではありません。私が思うところは、状況によってXとYの割合を柔軟に考えれば良いのではないかということです。しかし、いつかはせめてX2割対Y8割くらいには持っていきたいものです。

なぜなら、そのように現場や部下たちが自立して働いてくれないと経営者はいつまで経っても楽にならないからです。

性善説の経営こそ高効率を生む

ここまでは、マクレガーのX理論・Y理論について詳細に説明しましたが、さらにそれをモチベーションという観点から進化させた基本理論として、ハーズバーグの理論をご紹介します。

ウェスタン・リザーブ大学の心理学教授フレデリック・ハーズバーグは、マズローやマクレガーと同様、ビジネス界に最も強い影響を与えたアメリカの心理学者の一人です。

彼の理論は、一般的には「動機付け要因論」「動機付け衛生理論」「2要因理論」などとも呼ばれています。

彼は、1950年代にピッツバーグ（米国）周辺の企業11社のエンジニアや経理事務員に対して聞き取り調査を行い、人間の行動に関する仮説をまとめながら、人間のモチベーション（やる気）について研究し、「動機付け衛生要因理論」を提唱しました。

この理論は特に多民族社員を抱える企業を中心に浸透し、活用されていきました。

彼が1968年に出版した「One More Time, How Do You Motivate Employees?（もう一度、あなたはどのように社員のやる気を引き出しますか?）」は、1987年までに再販を繰り返し、120万部も販売されました。

ハーズバーグ「動機付け要因論」
～モチベーションを上下させるには、2つの大きな要因がある～

ハーズバーグは、これまで説明してきたマズローの欲求5段階説などの伝統的な欲求理論に対して「社員が不満に思う要因のみしか捉えられていないのではないか」として、新たに「社員の動機付け（やる気を促進する）要因」を提唱し、その動機付け要因が満たされることで初めてモチベーションが高まるとしました。

つまり、不満にさせる要因を解消するだけでは、人のモチベーションを高めることは不可能である、という考え方を展開していきました。

ハーズバーグは、実証的に研究・分析した結果として得られた従業員の満足感について2つの要因があることを発見しましたが、これがいわゆる「満足要因」と「衛生要因」と言われるものです。

それでは、まず不満足にさせる要因*（衛生要因）について説明します。

不満足にさせる要因とは、ある要因が現段階で十分に満足できる状態だった場合、その要因がより満たされても満足感はこれ以上、上がることはないが、その要因がいったん不満足な状態に陥った時には著しくやる気が損なわれる（職務・職場に不満を持つ）という性格を示す要素です。

つまり、この要因を十分満たしておけば職場の不満を防止することには役立ちますが、やる気

*注）
具体的な主要因は組織によって違いますのでご留意ください。

を引き出す効果は少ないわけです。

ハーズバーグはこれを、病気を予防する役目を持っているものの、病気を治すものではない点と似ていることから、「衛生要因」と名付けました。

たとえば、レストランでお水とおしぼりが出てきたとしても満足はしませんが、どちらかを忘れられると不満に思うというような感じです。

では組織における衛生要因（不満要因）とは具体的にはどのようなことがあるでしょうか？

分析結果でよく見られるものとしては、「賃金」「職場での人間関係」「与えられた仕事の内容」など、職場における環境要因が挙げられます。

一般的には、会社の方針、監督方式、給与、対人関係、作業条件のようなものだと言われています。しかし、これらの要因は、不満の矛先にはなりますが、仮にその不満を満たしてもなかなか「仕事に対する満足」に結びつく要因とはなりません。

次に活力のある組織づくりに向けて、やりがいを高める要因に焦点を当てて考えていきましょう。活力のある組織をつくっていくためには、まずは権限を部下へ委譲し、その裁量を十分に発揮できる環境を整えるなど、「働きやすい職場環境」をつくることが、キーポイントとなります。これをエンパワーメントと言います。わかりやすく言うと一人ひとりにエンジンのような動力をつけるということです。

満足要因・動機付け要因とは

この要因は、直接的に職場満足度（ES＝employee satisfaction）を向上させるもので、これを「動機付け要因」と言います。職場における満足とやる気を引き出すためには、前節で説明した不満足要因である「衛生要因」を改善することよりも、満足要因である「動機付け要因」の改善を、重要視し、優先順位を高く考えるほうが、より効率的に職場満足度を高めることができます。このようにハーズバーグは「動機付け要因」を加味して職場満足度の充実を考えるべきという理論を展開していきました。

これは、もともと主として工場などの製造現場における標準化・単純化された労働による職務でのマンネリ感を打破して、仕事の達成感と責任感を持つことのできる、意味のある職務に変えていこうとする目的からいろいろな試行錯誤の末、見つけ出されてきたことですが、サービス業などでも同様であるということがわかっています。

モチベーションを形成する要因としては、「承認」「達成」「仕事への責任」「昇進」など、自己の成長や個性化、自己実現を望む欲求があげられます。

したがって、モチベーション形成にあたっては、

- 上司は部下に責任ある仕事を与える

- プロセスにおける部下の努力を認める
- 時にはサポートすることで部下への関心を示し、モチベーションの持続を図る
- 業務目標達成時には部下の成長を認めることで、部下の達成感と仕事への満足度を高める

という一連の取り組みが、キーポイントとなります。

この理論のポイントは、人間の労働にはそれなりの意味と価値・責任が必要であり、何らかの社会的所属や受け入れられているという実感（承認）が満たされないと、十分に満足して持続的な仕事はできないということです。

したがって、リーダーは、人間の本能的な欲求に基づいた「動機付けの方法」を工夫することが必要です。人は休みや金ばかりで働いているのではないということを知り、そのための行動を実践していくことが大切となります。

オオウチ　セオリーZ～生産性との強い関係～

これまでフレデリック・テイラーからはじまって、1960年代のハーズバーグまで組織のマネジメントのあり方の進化を説明してきました。

1970年代に入ると、奇跡の成長を遂げた日本企業の経営手法が注目されました。特に、コンセンサス（納得性を高めること）が経営手法の重要な要素として取り入れられ始め、W.G.オオウチが「セオリーZ」[*8]を公表しました。

＊8
〈参考文献・引用〉
W.G.オオウチ『セオリーZ』要約
（東京大学経済学部経営学科 吉岡伸著）

これは、すでに説明したマクレガーのXY理論を否定する動きから派生した考えです。

バブル崩壊や、リーマンショックなどマネー資本主義の弊害をまざまざと知らされた今、数字や結果ばかりを重視する経営に多くの疑問が投げかけられています。

社員の自己実現を目的とするY理論のような性善説に基づく経営は誰もが志向するところではあると思いますが、グローバル化が巻き起こしたスピードアップとコストへダウンへの行き過ぎた過熱は、多くのX理論信奉者（性悪説・結果重視）を生み出しました。

そもそも、ダグラス・マクレガーのX理論Y理論というネーミングは言い得て妙ですが、W．G．オオウチは「もうこれ以上の進化はありませんよ」という意味で、XYに続くZ理論を世に問い、人と仕事に関するモチベーション分析に一応の終止符が打たれたかに思われました。

ここでは、オオウチのZ理論の内容を、日本的経営とアメリカ型経営という観点から説明します。

なお、私はこのような分け方はややナンセンスだと思っていますが、一般論としてはわかりやすいので、しばらく日米の比較論という観点で説明を進めていきます。

1980年代まで、日本的経営は世界の注目の的となっていました。米国でも日本的経営について盛んに議論されました。

一方、私が日本的経営と米国型経営という分類そのものがナンセンスだと主張する理由は、多くの点で一般的に日本的と思われていた特徴を持っているアメリカの会社、いわゆるZタイプの会社はたくさん存在しており、大きな成功を収めているからです。サウスウェスト航空などはその典型と言え、Zタイプの会社は共通して終身雇用に近い形を採用しています。

すなわち、一般的に日本的と言われた経営スタイルには普遍的な長所が存在し、それは当時も現在も文化の壁を超えて世界各国で存在しているのです。

さて、成功のための共通キーワードは、「信頼」「気配り」「親密さ」「コミュニケーション」です。

第2次世界大戦後から1980年くらいまで、日本企業の生産性は米国企業に比べて4倍もの高い伸びを示したと言われています。この奇跡的とも言える我が国の高度成長に対してアメリカの学者や経営者たちの多くは賞賛の声を上げました。

しかし、レーガン政権発足以前までは、日本は特殊な文化を持った国家であり、アメリカとは根本的に異質で、そのやり方を学ぶことは不可能だと思われていました。日本の経営手法は日本独特の文化によってのみ成り立ち成功したものであるので、アメリカの状況にはまったく適用でき得ないという考え方が一般的でした。

その当時の日本の良い会社には「信頼」「気配り」「親密さ」「コミュニケーション」が根付いていました。グローバル化の中で、残念なことに現在ではかなり薄れつつあるものばかりですが、これらの要素こそ、オオウチの「セオリーZ」の根幹をなす概念です。

「親密さ」については、アメリカ企業の職場では不必要、非効率であるとさえ考えている日本人は多いですが、実際は逆にコミュニティを大切にする会社はとても多いのです。週末の六本木や赤坂あたりのバーで、このような外資系企業で働く外国人たちのコミュニケーションを見た人はたくさんいると思います。私からすれば昨今の日本人のほうがよっぽど個人主義のような気がします。

さて、従来の日本企業においては「親密さ」が職場に生まれ、しかもそれが生産性を上げることに著しく貢献してきました。

互いの「親密さ」は「信頼」と「気配り」を生み出す源となります。そもそも、メンバーの「親密さ」なくして組織の「信頼」は生まれません。また「親密さ」なくして「互いの気配り」はあり得ません。

そしてその「信頼」と「互いの気配り」が生産性の向上に強い影響を及ぼします。

生産性向上と「信頼」や「気配り」の相関性というのは、簡単に証明できるものではないと思われるでしょうが、きちんと職場満足度調査を実施し、やや専門的で恐縮ですが重回帰分析や相関分析などの方法で科学的に調べれば簡単に証明できます。

「周囲に対する互いの気配り」は、「親密さ」をベースとした情報の共有があって初めて醸成されていくものです。社員同士が互いをよく知ること、または互いの仕事をよく知ることで少しずつ組織全体の生産性は向上します。

このような気配りによって、一人ひとりの社員が、自分のことや、自部門のことだけでなく会社全体のことを考えて働くようになります。

さらに、重要なことは、「信頼」「互いの気配り」のどちらかだけがあればよいのではありません。バランス良く共存してこそ効果的を発揮し、生産性は向上するものなのです。

Ｚタイプの組織～永続的に強さを保ちやすい組織～

Ｚタイプの会社はもちろんそれぞれ独自の特色を持っていますが、ここではすべてのＺタイプの組織に共通して言える特徴を説明します。

まずＺタイプの会社は多くの場合、終身雇用という言葉を正式には使っていませんが、事実上長期雇用形態をとっています。日本企業の場合、会社としては、その事業の複雑さに対応できるよう人材育成に多くの時間をかけ、多額の投資をしなければならず、それだけのことをしたのだからできるだけ従業員を留めておこうとしてきました。

他方、そうした教育訓練で培われたスキルやノウハウは、その会社ならではの独特なものであることが多く、他社ではその能力が上手く活かせないため、従業員たちもその会社に留まることを望みます。

また、この長期的雇用関係は昇進の遅さをもたらします。仕事の幅が広いので、ノウハウやスキルを身につけるのに時間がかかるからです。

遅い昇進なのになぜ辞めないかと言えば、そのギャップは非金銭的な評価、たとえば上司自らがコミュニケーションを多くとったり、きちんと面談や相談を受けたりすることによって、会社がその従業員をきちんと評価しているのだということをしっかりと示し、補っているからです。

日本的な会社の昇進コースでは、いろいろな職務や部課を渡り歩くことが多くあります。これ

により ゼネラリストが生まれ、多くの社員が会社中のことを理解しているという状況が生み出されて、独自の風土をつくり出します。

たとえばメーカーであれば、従業員が製造および販売などの部門を経験していることによっての各プロセス間のコミュニケーションが良くなり、相互理解ができているので、意志決定や実行のスピードが速くなるなどといった独自性を生み出すわけです。

また、Zタイプの会社ではトップダウンとボトムアップがうまくバランスが取れています。Zタイプの会社の意思決定スタイルは社員参画型なのです。なぜかというと、経営理念のような規範にそって物事を判断できる社員たちによって自主的に行われる意思決定は、トップと方向性が同じなので、対立することがなく、結果的に社員参加型と同じことになるからです。そうすれば業務の効率が向上することを、組織全体が知っているのです。

多くの人の合意によって意思決定された場合、反対する人はほぼいないですから、実行段階における効率が良いということは、誰でも想像できることです。

米国などにも存在するZタイプの会社では、意思決定は集団的な合意をとります。しかし、それでも決定に関する究極の責任は社長一個人に帰結します。決して〝なあなあ〟にはしません。

一般的な米国人にとっては、日本の組織における典型的な特徴である集団責任制は不公平と感じ、受け入れがたいと思います。

しかし、集団で意思決定をしながらも、個人がある程度の責任を負うという形を成り立たせている組織もあり、そのような組織内には雰囲気的に「信頼感」がしっかり根付いています。

たとえば、リッツ・カールトンホテルならば、全員が共有できるクレド（信条）・価値観があり、かつ誰も利己的な行動は取らないという、価値観を共有・共感する仕組みがあるために、個人個人がグループの意思決定に対する責任を受け入れ、その仕事をなし遂げるべく一丸となって行動しています。

このようなZタイプの会社では、上司と部下、そしてすべてのレベルの従業員が同僚と親密な人間関係を形成することを、とても大切にしています。たとえば、サウスウェスト航空などでは、仮装大会やビア・パーティーなどがしばしば行われ、職場以外の場所、たとえば地域のコミュニティなどでも従業員同士の付き合いが多く見られ、公平感を大切にする雰囲気が形成されています。これはZタイプの組織が最も大切にする考え方です。公平であるという意味合いは、各人が自分の考えを働かすことができ、いちいち細かい監視を受けずに自律的に働くことができるということです。

従業員は組織内で相互に「信頼」されているからこそ、このようなことが可能となっているのです。とりわけ「自主性」「創造性」「チームワーク」を大切にする雰囲気＝風土が、強い組織に見られる高水準のやる気、忠誠心および高い生産性の要因となっているのです。決して、高水準の待遇ばかりがやる気の要因ではないのです。

さらに、理念・価値観をベースにつくり上げられている組織風土（カルチャー）は時間をかけてつくりあげられたものであるがゆえに、ごくゆっくりにしか変化しません。しかし時間をかけて醸成されたものだからこそ他社が真似できないのも事実です。

ただし、このような価値観の共有・共感が定着している組織にも短所はあります。異質なものを受け入れにくいということです。

Zタイプの会社を円滑に機能させている「信頼」「ゆきとどいた気配り」「親密さ」は、長期にわたって会社内の意識の同質化が行われて初めて形成されるものです。その結果、文化的に異質な者を受け入れにくくしてしまう場合があります。

かつてのような成長は見込めない我が国のマーケットにおいて、「マニュアル化」「標準化」を進めていくだけでは生き残りが難しいということは、誰もがうすうす感づいていることです。「マニュアル」や「標準化」は大切でありますが、これらをベースとしつつ、社員同士、さらに顧客との「親密さ」の重要性はますます増していくことと思います。これは、他社に差別化していくためには特に重要な要素となります。

そのために重要なことは、組織全体としての考え方や行動を変えていくことです。それは、社是や経営理念のような価値観に強く共有・共感・共鳴したチームを、時間をかけてつくっていくことが土台となります。

ヘンリー・ミンツバーグ〜戦略の策定・実行計画参画の重要性〜

「偉大なるゼネラリスト」と呼ばれるヘンリー・ミンツバーグは、大学教授にありがちな評論家的理論家とは一線を画す異色の経営学者です。

1973年に発表された『マネジャーの仕事』と、2年後に書かれたハーバードビジネスレビユーの「管理者の仕事・その伝説と実際の隔たり」によって知られるようになりました。彼はハーバード経営大学院のマイケル・ポーター教授に代表される経営理論を批判し、「良きマネジャーは教室では育成されない」と主張しました。

次に彼の思想のポイントを説明します。

【マネジャーの働き方】

「管理者の仕事・その伝説と実際の隔たり」の中で、ミンツバーグはマネジャーの仕事の実態を明確にしています。

たとえば、「本論文に全編を貫く単純明快なテーマがあるとしたら、それは仕事のプレッシャーがマネジャーの行動を皮相的なものにしているということだ」とあります。「皮相的」とは、見方が浅い・浅薄な・表層的・表面的・平面的・掘り下げ不足・詰めが甘い・視線がヤワだ・本質に迫らないというような意味です。

ミンツバーグはこの論文によってマネジャーの役割の大切さを強調し、それを遂行する立場にある人々を訓練し、開発しようとする前に、トップや組織はその役割を完全に理解することの必要性を強く訴えています。

そして、「マネジャーの仕事ほど社会にとって重要な仕事はない。その組織が社会にとって役に立つのか、はたまた、社員たちの才能や資源を浪費するのかを決めるのはマネジャーなのだ。今こそマネジャーの仕事について、思い込みを捨て、マネジャーのあるべき姿を現実的に検討し、その働きを著しく向上させるという難しい課題に着手する時だ」とも書いています。

【組織の構造について】

『人間感覚のマネジメント』においては、次のような組織のタイプを示しました。みなさんの組織はどれに当てはまるでしょうか？　考えながら読んでみてください。

1.「企業家的組織」↓小企業に多いかも知れません。

- 小さい組織で仕事の区分はあいまい
- マネジメントの階層はほとんどない
- インフォーマル（形式張らない）なコミュニケーション
- トップに権力が集中している

2.「機械的組織」↓大企業に多いかもしれません。

- 高度に専門化した定型的業務がなされている
- フォーマル（形式張った）なコミュニケーションスタイル
- 大きな作業単位、機能別にグループ分けされた仕事と精巧な管理システム
- 中枢部で意思決定され、ラインとスタッフの明確な区別がなされている

3. 「多角的組織」→日本では松下幸之助さんがつくったような形です。
- 中央の管理本部のもとでの半自治的な単位（部門）の集団
- これらの単位はふつう事業部やカンパニーと呼ばれ、管理本部は本社と呼ばれる

4. 「専門職業的組織」→病院、大学、公的機関など定型的業務を行う会社に多いタイプ。
- 組織の機能は専門スタッフ（医者など）の技能や知識に依存している
- このような組織は形式化された製品やサービスを生み出すのに適している

5. 「革新的組織」
- ミンツバーグが「現代的組織」と考えるもので、柔軟性があり、官僚制を排し、計画や統制システムに重点を置かないようにしている
- イノベーションを起こすためにエキスパートを雇い入れ、権力を与え、訓練や能力開発を行ない、従来の専門分野や区別にとらわれない環境の中で、複合チームで仕事に従事させる

6. 「伝道的組織」→リッツ・カールトンホテルがこのタイプです。
- この種の組織では何にも増してミッションが重視される
- ミッションは明確で、焦点が定まっており、独自の特徴があり、士気を鼓舞するものとなっている

・従業員は進んでミッションと一体化し、価値観を共有し、熱意や情熱によって自らを動機付けている

おそらく、現在の中小企業の多くは1のタイプと思われますが、いくつかのすばらしい会社は6のレベルに到達しています。このような会社では、内部での人間関係のトラブルは少なく、互いにチームワークを重視しつつも、理念にそぐわない人には厳しく、切磋琢磨している姿があります。1の小規模レベルに安住していると、社長も社員も楽です。しかし、そのままではきっと6のレベルの会社やお店に負けてしまうことは疑う余地もないと思います。変革していかなければ生き残れない厳しい時代なのです。

【戦略の策定と実行計画について】

戦略の策定と実行計画の関係は、ミンツバーグの主張に常に登場する主要なテーマです。

このテーマに関する彼の考え方は、現代の経営（マネジメント）のあり方に対して大きな影響を与えました。1994年の著書『戦略計画・創造的破壊の時代』において、伝統的な経営学の理論に対して、徹底した批判を展開しています。

彼の主張における最大のポイントは、「よくあるような戦略策定や実行計画づくりの方法が、根本的に大きな間違いを引き起こしている」これがマネジャーたちのエネルギーを削いでいるということです。特に、「手の込んだ戦略策定・計画プロセスは組織の中に官僚主義を生み、現場のイ

ノベーションや独創性をつぶしてしまう」としています。

さらに、「デジタルな定量情報が、アナログの定性情報より優れていることはありえず、時にははるかに劣ることもある。市場環境の移り変わりの激しい昨今において、すべてがデジタルな数字だけでは判断できないのに、官僚的な計画策定においては定性的情報の価値が低く見られていることが問題だ」というのです。

またミンツバーグは次のように、4つの視点で問題提起をしました。

1. 有能なマネジャーには遂行しなければならない決まった職責が存在していて、なにもせず、机に座ってのんびり決裁だけしているようではだめだ。
2. 現実のマネジャーの仕事は秩序を立てて計画化できるわけではない。突発的なことに機敏に対応できなければならない。
3. すばらしい経営者はコンピュータとにらめっこしているだけではだめだ。もっと現場に出ろ。
4. マネジメントは専門職ではなく科学でもない。感性を働かせよ。

彼は、創造性を働かせながら戦略を考えることの重要性を説き、現場ではなくテーブルを囲んで数字とにらめっこして計画をつくるというような伝統的なやり方とは遠くかけ離れた、良い戦略を生み出すことのできるプロセスの大切さを説きました。

そして、組織には戦略が必要だが、所詮人間は3年先のことなど正しく予測などできないので、数字の計画は役に立たない、それにとらわれすぎてはいけないのだと論じているのです。

中長期計画がただの数字の羅列になっている会社はあまりにも多く、本来、ビジョンに基づく戦略でなければいけません。また、顧客・市場の変化に対応するために、提供すべきサービスや商品を明確にし、それによって必要な人材やチーム像が明確になり、その結果数字の読みができるという流れこそが納得性の高いものです。結果には必ず必然性の高いプロセスがあるのです。

ミンツバーグは手段・プロセスをきちんと考えることを優先しなければ結果は出ないのに、結果ばかりをマネジャーに求めているからで、それによって組織の中核たるべきマネジャーたちを疲弊し、逆効果になっていると言っているのです。

マネジャーの最大の職責は、本来、担当組織の成果を最大限向上させることにあるはずです。しかしながら、マネジャーのエネルギーが社内事情にばかり割かれていれば、顧客や市場に目を向ける時間がなくなってしまうことになりかねません。目の前の結果を追い求めることばかりに追われ、若手の育成になどとても手が回らなくなり、その結果、日本企業の強みであった「育てる文化」が廃れ、次世代の競争力が失われている可能性があるのです。

凄まじいスピードで変化している時代では、かつてのようにマネジャーが単なる自分の経験や体験に基づく指導だけしていたのでは、現在の若い部下たちに納得感を与えられるようなサポートはできません。

経営者も「我が社のマネジャーが部下を育てられなくなっている」とか「部下の面倒を見ない」

などと嘆く前に、何がそうさせているのかという本質的な問題を考えてみる必要があるのではないでしょうか？[*9]

ピーター・センゲ「最強組織の法則」～コンティンジェンシー理論　柔軟な組織は強い～

１９８０年代になり、さらに強力な組織のあり方として、コンティンジェンシー（有効性で条件付ける）理論が登場しました。簡単に言えば、周囲の環境変化に対応して、自分たちで自分たちの組織を自在に変えていく、場合によってはあえて、自ら揺らぎを起こしていく組織こそが強い組織であるということです。

この理論の「学習する組織」という概念は、ピーター・センゲが『最強組織の法則』という著書を発表して以来、世界のビジネス界に広がっていきました。

現代にも通用する代表的な組織理論は１９４０年頃すでに確立されています。しかし、１９６０年代以降の代表的な組織理論との大きな違いは、企業の置かれている環境が大きく変わってしまったことです。

世界的に需要に対して供給が追いついた頃から、技術、消費者の嗜好、政治的・社会的な変化が企業に大きな影響を及ぼし、環境の変化に適応した経営を行う必要が出てきたわけです。それに伴い組織構造のあり方も変化せざるを得なくなっていきました。

みなさんが働いている企業は、自由闊達にものを言える組織ですか？　それとも恐怖政治とまでは行かなくても、戦時中の日本のように、なかなか自由に発言できず、トップや幹部がすべて

＊９
〈参考文献・引用〉
On The Business Training 協会
及川 昭（2011年）

のことを決めてしまうような組織ですか？

多くの人にとっては後者のような組織はあまり望ましいものではないと考えるでしょう。やはり自由にものが言えるほうがいい、和気あいあいとした組織のほうがいいと考えるのが一般的でしょう。自由に発言したり、自分で意思決定ができたり、上下関係がなく仲間的な雰囲気を持った組織がいいというのであれば、世の中に存在するすべての組織が自然にそのようになっていてもいいはずです。しかし現実にはそうなっていないのはなぜでしょう。

この疑問を解く鍵は、「時と場合による」という言葉にあります。英語にも「case by case」というように同じような表現があります。コンティンジェンシー理論とはまさにこのようなことを表す組織論なのです。

コンティンジェンシー理論が展開される以前も、「ベストな組織とはどのような組織か？」という組織研究はずっと行われてきました。やはり誰もが、より良いものを求めるわけですから、今よりももっといい組織構造があるはずだ、と研究や企業での取り組みが行われたりしてきたのです。

特に、「ベストな組織は置かれた状況次第で異なる」ということが実証されるような研究は、1960年代にたくさん行われました。

そもそも、変化の激しい環境に置かれている企業と、あまり変化がない環境で事業を行っている企業とでは最適な組織構造やマネジメントスタイルは当然異なります。

「コンティンジェンシー（contingency）」という言葉は「条件付けられる」という意味であり、最適な組織構造は、企業が直面している環境条件によって決まるということです。

なぜ置かれている環境によって最適な組織構造が異なるのか、という疑問に理論的に答えたのは米国の経営学者ハーバード・サイモンです。ちょっと難しいかもしれませんが、彼は組織を「情報処理のメカニズム」と捉え、環境が異なると処理するべき情報量も異なってくるから、当然最適な組織構造も違ってくるはずだと考えたわけです。

人間にたとえてみれば簡単に理解できます。暑いところと寒いところでは必然的に着る服は異なり、気温に最適な服を選ぶということです。このように打つ手打つ手は時々刻々と変わっており、組織が厚い壁の中にいては、市場環境の変化に気がつかなくなってしまうのです。会社のビルの外壁がビニールならば、雨や風が少しでも吹けば変化を感じますが、頑丈なビルの中にずっといると、台風が来ていても気づかないですね。これでは企業は生き残れないということなのです。

１９７０年代後半から80年代に入ると、技術革新、企業間競争、消費者の嗜好の多様性など企業を取り巻く環境の変化はますます激しいものになりました。そのような中で着実に成長し、永続的に存続していくためには、精神論的経営や、市場環境に対して受動的に行動するのではなく、より主体性を持って市場環境に対して積極的に働きかけていくことが求められるようになり、「プロダクトアウト」から「マーケットイン」といった言葉が言われ始めました。

前述したヘンリー・ミンツバーグたちは「組織は単に受動的に市場環境に適応するのではなく、より強い組織は主体的に環境に適応しようとしている」とか「構成する要素間に適合性があれば、その組織の有効性は発揮される」と主張しました。

要素間の適合性とは、「理念から戦略が導かれ、そのために顧客・市場のことをきちんと理解し、その戦略に基づき人材開発が行われ、情報の収集・分析・共有がきちんと行われ、戦略の有効性をいつでも把握できるよう仕組みが機能している」ことと捉えています。

いずれにしても環境の変化が激しく、またリーマンショックや大地震のような予期し得ないことが、突然起こり得る現在のような状況のもとで、企業が永続的に成長し、存続していくためには、組織は絶えず主体的に進化していかなければならないのです。受け身ではだめだということです。

また、ダーウィンに代表される生物学の進化論の考え方を組織に援用したものが、「組織進化論」とか「組織の自己組織化（セルフ・オーガナイジング）」「組織の自己革新」と呼ばれるものです。

ダーウィンの「これまで恐竜のように最も強いものが生き残ってきたわけでもなければ、最も賢いものが生き残ってきたわけでもない、環境に合わせて変化を遂げることのできたものだけが生き残ってきたのである」という言葉は、みなさんもよく耳にしたことと思います。これを企業に当てはめて考えてみようということなのです。

いけすにナマズを1匹入れるとほかの魚が活性化すると言われるように、組織の中にも異端が必要だということが、組織進化論によって言われ始めたのです。異端が存在することによって組織に変異が発生し、継続的に進化していくためのきっかけとなるからこそ重要だというわけです。

異端・異文化（人種、国籍、宗教、性別などの違い）の考え方や価値観に耳を傾け、きちんとマネジメントしていこうということを、昨今では「ダイバーシティ・マネジメント」と呼んでいますが、特に同質性の高い日本企業に強く求められることではないでしょうか。

組織における知識創造が重要

昨今の、本当に強く余裕のある企業の動きを見ると、目先の生産性の向上一本槍から、他社に差別化するための競争力の向上に重点が置かれているように思えます。しかし、余裕のない企業は依然として目先の生産性の向上にばかり目を奪われています。

一方、強い企業は、目先の生産性よりも、将来の種まきとなる研究開発などに経営資源が多く使われています。

これは言い換えると「目先の（生産の）効率性」から長い目で見た「製品開発」「イノベーション（革新）」に経営者の思考がシフトしてきたということです。もちろん私は生産の効率性をより高くすることは否定しませんが、いかに目先の生産性を高めるかというコスト削減一辺倒の思考ではなく、いかに市場に受け入れられる製品や商品を開発・提案できるか、それによって従来とは違うステージや土俵をいかに開拓していくかという点こそが、生き残りのために重要になってきているのではないかと思います。

ただし、まだまだこの生産性が非常に低い組織がたくさんあります。これはみんなが従来のように自分の仕事を抱え込んだままで、いつまでたっても仕事や情報の共有化ができないことに起因することがほとんどです。そんな中でも進化した会社はもっと別のレベルで物事を考え、ますます繁盛していきます。これからは、一人ひとり、そして組織それぞれが持つ固有の「知識・知恵」というものが、今まで以上に経営資源として重要なものになっていきます。

この知識・知恵をいかに生み出し、より高いレベルのものに進化させていけるか、これが現代組織論の最も重要な研究テーマの一つとなっているのです。言い換えると、組織的な「知識・知恵の創造」がなにより重要になってきているのであり、組織・会社内で、そのプロセスをいかに構築できるか、すなわち部署間のコラボレーション能力の向上こそが競争戦略上、きわめて重要になっているわけです。

知識・知恵には「形式知」と「暗黙知」があります。形式知とは言葉に表される知識や知恵です。暗黙知とは言葉には言い表せないような知識や知恵です。たとえば会社内での会話で「あれってなんていったかなぁ。あれだよ、あれ」「ああ、あれね。わかった、わかった」という会話が交わされることがよくあると思いますが、この「あれ」にあたるものが「暗黙知」と言われるものです。言葉には言い表せないのですが、会話をしている双方に同じイメージのものが浮かび上がっていて、会話をしている、つまり知識・知恵の交換が行われているということです。

ベテラン社員や町工場の熟練工が持っているノウハウも暗黙知に当たります。このような、組織のそれぞれの人たちが持っている暗黙知をいかにして形式知に変換し、組織全体のコラボレーション能力に昇華させていくか、これこそが強い組織・会社づくりには欠かせないことなのです。このような知識・知恵の形式知への変換を繰り返すことによって、会社・組織の持つ知識・知恵は増幅します。すなわち各個人の持っている暗黙知が会社・組織や店舗全体にまで増幅し、さらに各個人にフィードバックされることによって、個人レベルおよび組織レベルで、保有している知識・知恵が飛躍的に増幅されていくわけです。

これが当たり前のようにできる組織・会社と、各個人の暗黙知に頼っている会社・組織ではどちらに明るい将来があるかは言うまでもありません。

ピーター・センゲは、クリス・アージリスとドナルド・シェーンが最初に提唱した「学習する組織」という理論を世に広めた人物です。彼の研究は、『最強組織の法則』(The Fifth Discipline) に結実し、組織論においては、現段階では最も進化した理論のひとつだと私は思っています。

ピーター・センゲは長年にわたり、複雑で変化の早いビジネス環境に対して、企業やそのほかの組織がどのように適応しているのかを研究してきましたが、『最強組織の法則』で「学習する組織」の概念を世に広めることになりました。

ピーター・センゲのメッセージはとてもシンプルです。

「学習する組織においては、個人と集団の両方の継続的学習から競争優位が生み出される」

この理論は、ピーター・ドラッカーとともに、世界の経営品質向上プログラムの理論的バックボーンとなっています。

思想のポイント～強い組織の5つの基本的構成要素～

『最強組織の法則』[*10]においてピーター・センゲは、「学習する組織」には5つの基本的な構成要素があるとしています。これらを理解し、実践することが最強の会社・組織、お店をつくりあげることにつながっていきます。それは次の5つです。

【5つの基本的構成要素】

1．システム思考

会社・組織の中で、同じような問題が何回も頻発したり、組織の成長が何かの力で抑制されてしまったりしていることが繰り返し起こってしまう理由を、その組織のマネジャー自身が分析して見抜くことができるようにするための考え方を、ピーター・センゲは紹介しています。つまり、最強組織においては問題の発生原因をシステマティックに見抜くことができる仕組みが、例外なくあるというのです。

これこそが、経営品質を構成する8つの要素が連鎖するフレームワークとセルフアセスメントそのものです。

2．自己マスタリー

昨今のマネジャーたちは、例外なく個人のスキルや強みを開発することの大切さを認識しては

---

*10
〈参考文献〉
『最強組織の法則——新時代のチームワークとは何か』ピーター・M・センゲ＝著／守部信之、飯岡美紀、石岡公夫、内田恭子、河江裕子、関根一彦、草野哲也、山岡万里子＝訳／徳間書店／1995年（『The Fifth Discipline: The Art & Practice of the Learning Organization』の邦訳）
『フィールドブック 学習する組織「五つの能力」——企業変革をチームで進める最強ツール』ピーター・M・センゲ、アート・クライナー、シャーロット・ロバーツ、リック・ロス、ブライアン・スミス＝著／柴田昌治、スコラ・コンサルト＝監訳／牧野元三＝訳／日本経済新聞社／2003年（『The Fifth Discipline Fieldbook: Strategies and Tools for Building a Learning Organization』の邦訳）
『フィールドブック 学習する組織「10の変革課題」——なぜ全社改革は失敗するのか？』ピーター・M・センゲ、アート・クライナー、シャーロット・ロバーツ、リチャード・ロス、ジョージ・ロス、ブライアン・スミス

いますが、センゲはこの考えからさらに一歩踏み込んで、最強組織（学習する組織）においては、個人の心の成長の重要性を強調しています。真に心が成長すれば、現実をよりはっきりと認識するようになるというわけです。

心の成長は、物事との現実をもっとはっきりと冷静に見据えることを可能にし、目指しているビジョンと現実の違いやギャップを気づかせるようになります。心の成長がない人たちは、今のままでよい、今までのやり方を変えることなど面倒だと考えてしまうので、組織内に創造的な（新たなことに挑戦しようという）緊張関係が生み出されることはありません。

センゲは、最強組織では、この緊張関係から効果的な学習が次々と生まれるのだと説いています。緊張感がない組織ではぬるま湯的になり、気づきが生まれないのです。

センゲ自身の言葉を借りると、最強組織（学習する組織）とは「組織に属する一人ひとりが、自分が大切だと思うことを達成できるように自分自身を変えることにより、自分の未来を創造する能力を絶えず充実させている人々の集団」と定義しています。

このような集団にはやる気のない人はいないでしょうから、良い意味でかなりの緊張感がみなぎっていると思います。このような姿の典型的な例が、以前もご紹介したネッツトヨタ南国という会社です。この会社の社員たちがつくった社訓には「高い困難な挑戦すべき目標を掲げ、創造的努力をしなければ、人も企業も肉体的・精神的に堕落する」とあります。

3．メンタルモデル

システマティックなアプローチをしていくうえで、さらに重要な要素としてセンゲが強調しているのは、組織のメンタルモデル（目に見えない社員たちの行動様式、その組織のしきたり）です。そしてマネジャーたちに、組織の価値観や理念をベースとして支える良いメンタルモデルを構築することを要求しています。

センゲは読者に、組織に染みついている思考パターン（しきたり）の影響力の大きさに注意を促し、これらの思考パターンが良いものなのか、悪いものなのかを組織自身が検証できる仕組みづくりが必要だと説いています。これこそが経営品質のアセスメントなのです。

4．共有されたビジョン

そもそもイノベーション（革新性）は集団の創造性に左右されます。また、組織の拠り所となるビジョンはメンバーの個人的なビジョン（想い）の上に構築されます。メンバーが集団のビジョンを自分のビジョンと切り離すことなく考え始めた時にビジョンの共有が起こります。

5．チーム学習

効果的なチーム学習のためには、「ダイアログ（dialogue）」と「ディスカッション（discussion）」という2つの異なる対話方法をうまく使い分けることが必要です。ダイアローグ（意見交換による対話）は問題点をどんどん探し出していくことであり、可能性を広げるものです。

ディスカッションは将来の意思決定のために最善の選択肢を絞り込む作業です。これらの2つのプロセスは相互補完的ではありますが、別々のものとして考えなければなりません。私は大学院の講義でも、クライアントでの研修でもダイアログを重視しています。

　さて、センゲは、最強組織になるための基本的前提は次のようなことだと言っています。

「会社・組織に当てはめてみると、最強の組織になるためには法則がある。それは、社長も一人ひとりの社員も、今までの自分独自の考え方に凝り固まらず、ほかのメンバーのやり方に学んだり、自分のやり方を隠さずに人に教えたりして、自分の会社・組織の仕事がどう回っているか、うまく回るための全体の流れを理解し、ビジョン、経営理念や基本方針、計画はみんなで関わり合って決めていき、その目的達成のために協力するようチームとして学習を重ねる」ということです。

　私は、ピーター・ゲンゲが整理した「最強組織の法則」の概念を、会社・組織など企業の現場で利用しやすくする必要があると考え、実践的な手引き書となればと、本書を書いています。

　そしてこれまで、みなさん自身がすばらしい組織で仕事をしたければ、自ら自分自身の考え方を変えていかなければならないのだと強調してきました。

　世の中の多くの組織が〝効率〟を指向しているのに対し、真に強いラーニング・オーガニゼーション（学習する組織）は、自ら問題を発見し、自ら問題解決に対処する人たちの集団なのです。このことを知ることがいかに重要かを忘れてはいけません。

第5章

A Great Place to Workへの道

A Great Place to Work

私は、２０１３年に米国ボルティモアで行われた、米国国家経営品質賞（ＭＢ賞）25周年記念式典・第25回受賞企業報告会に参加し、そこで大きな衝撃を受けました。

その会議に参加して、リッツ・カールトンホテルをはじめとする数多くの米国の経営者や経営幹部、そしてすばらしい組織と出会い、残された自分自身のビジネスマンあるいは経営者としての最終コーナーを、再び加速を付けて走りきるだけの大きな刺激とパワーを得ることができました。

ＭＢ賞の報告会に初めて参加したのは、18年も前のことですから、まだ米国企業の、特に製造業の品質管理レベルは低く、バブルが崩壊したとはいえ、日本企業に学ぼうという機運がアメリカでもとても強かった時代でした。

参加する前は、米国企業の経営革新など、所詮日本の真似ごとで、たいしたレベルではないだろうと思っていましたが、誇らしげに自社の経営を語っていた受賞企業の米国人経営者たちの放つ、ぎらぎらした目の輝きとその姿から、日本は、もう永遠に米国に追いつけないのではという危機感を覚え、脱力感さえ感ずるほどのショックを受けて帰国の途についたことを今でも忘れていません。

しかし一方で、だからこそ本気で日本を、そして自信を失っている日本企業を何とかしなければならないと思ったのも事実であり、その時に米国の報告会へ参加した人たちとともに、日本における経営品質向上プログラムの普及に昼夜を問わず時間を費やしてきました。

私がコンサルタントから、レストランチェーンの経営者に転身したのは、この出来事が大きなきっかけとなっています。

ビジネスマンとして自分自身、将来どうなりたいのかビジョンを描けずに悩んでいた私は、このきっかけから「絶対にこんな経営者になりたい、そして社員たちが輝いている職場をつくり出し、そんな環境ですばらしい仲間に囲まれて仕事をしたい」という人生目標を具体的に明確化することができたのです。

18年前の米国ワシントンD.C.での報告会で、ＭＢ賞のアセスメント基準書を片手に持ち、「ここに書かれていることを実践していけば、我々は間違いなくすばらしい会社をつくることができるし、今日ここで、その結果をみなさんにも示し、証明することができる」と自信と笑顔に溢れ、口々に語る経営者たちの姿は私の憧れそのものでした。

レストランチェーン経営者になってからの数年間は、想像を絶する茨の道を歩むことになったのですが、今思えば、若さゆえにそんな苦労を苦労とも思わず乗り切ってしまい、幸いなことにＪ・アート・レストランシステムズは、日本経営品質賞を中小規模部門で受賞することになったのです。

受賞してから2年間ほどの時期は、私の人生の中でも、最も幸せな時間を過ごすことができた期間であり、すばらしい職場をつくり、そこで働きたいという目標が実現できました。

今思えば、あのような職場こそがすなわち「A Great Place to Work」だったのです。

その後、退任しましたが、多くの方たちから「せっかく創り上げたすばらしい風土だったのに辞めてしまうの？」という声を随分いただきました。今となってみれば、同社はその後戦略的な事業転換をし、きわめて健全な経営を行っていますから、これはこれでよかったのだと思います。

さて、経営品質向上のための継続的な取り組みの重要性については、本書でも度々説明させていただいていますが、今回もすばらしい米国企業の経営を見聞きして、大きな気づきを得ることができました。

25年の歴史が物語ることとして、米国のＭＢ賞受賞企業にはホップ・ステップ・ジャンプのように繁栄している会社がたくさんあります。

リッツ・カールトンホテルは複数回受賞の代表的企業です。このように永続的な繁栄をしている企業の共通点は、1度受賞しているにもかかわらず、それに慢心、あるいは満足することなく、数年おきに何度もＭＢ賞に挑戦して、複数回受賞しているのです。

日本経営品質賞も米国ＭＢ賞も受賞後3年間は申請できませんが、4年目に再申請可能です。日本の場合、株式会社武蔵野が2度受賞しました。業績は上がり続けていますので、継続の重要性は洋の東西を問わないのでしょう。

一方で、1度きりの受賞で満足し、消えていった会社や組織もたくさんあります。経営品質向上プログラムとサステイナビリティ（継続能力）の関連性の本質は、ここに尽きます。

私は、２０１０年から、非正規の方たちも入れて２５００人の従業員を擁する静鉄ストアの社長職に就くことになり、社長としてしばらくは、目の前のスーパーマーケットの財務的な基盤を強めることにしかエネルギーを振り向けることはできませんでした。また、自分自身も、Ｊ・アート・レストランシステムズを受賞に導いたということである程度満足し、賞の申請はともかくとして、経営品質向上への挑戦の必要性はそれほど強く感じていませんでした。

ところが、４年目に会長へと立場が変わり、自分自身と自分がやってきた経営を冷静に見直す機会を得ることになりました。

そしてシスコシステムズ合同会社Ｅ＆Ｐ事業部門が２０１１年度の日本経営品質賞を受賞し、平井康文社長（当時）が、ＭＢ賞25周年の報告会で、日本経営品質賞受賞企業を代表してスピーチをすることになり、数年ぶりに日本生産性本部で米国ＭＢ賞視察団が編成されることとなったことに伴い、私にも副団長として参加しないかという打診がありました。

米国国家経営品質賞の25周年記念報告会があるので参加しようと考え、米国の流通事情の視察もかねて、実に15年ぶりに参加することができました。

正直なところ出発前までは、ＭＢ賞の報告会も25回も回を重ねればマンネリ化しているのではないかとも思っていました。それゆえ、全米で働きたい企業ベスト50にいつもランクされるホールフーズというスーパーマーケットの視察などのほうが重要かなとも思っていましたが、そんな思いは、良い意味で大きく覆され、先に記述したとおり、経営者として今後何年も頑張ろうと思わせるほどのエネルギーを充填して帰国の途につくことができました。

何より、どの会社もが口々に掲げていた「A Great place to work」という言葉とその実践に大きな衝撃を受けました。

これは、なかなか一言で日本語に訳すことができません。「Great」な職場とは、「Good」や「Nice」より幅広い概念です。ちなみに、かつて私は、ヤマハ株式会社時代に英語の語学研修に派遣され、その時に受けた授業で、日本人はAと言う冠詞は一つという意味だけだと思っているようだが、Aには「アッと驚く」という意味もあるのだということを教わりました。

では、アッと驚くほどの「Great」な職場はどうしたらできるのでしょうか？　結論から申し上げると、単に給与が高く休みが多く、福利厚生が充実していることだけでは無理です。

一般的に、大企業のサラリーマン経営者には4年とか6年というようにおおよその任期がありますから、経営者としての時間も限られています。では、その限られた時間の中で成果を出すにはどうしたらよいのでしょうか？

そして、自分がいなくなった後も組織がブレずに、成果を出し続けることができるようにしていくにはどうしたらよいのでしょうか？

かつて、このようなことを悶々と考えていた時に、私が頼りになると心の底から思えたのが日本経営品質賞のアセスメント基準書でした。

この基準書に書かれていることは、シンプルかつ的確であり、経営者としての私にとっては掛け替えのないもので、忍者の虎の巻のような存在になっています。

名古屋商科大学大学院のＭＢＡプログラムの中で、実際に私はこれを活用して教えていますが、卒業生たちからも実際に役に立つという意見を多数いただいています。

さらに、私と同じことを感じている人が米国にも日本にもたくさんいて、「Great」な職場をつくるためには、経営品質アセスメント基準書に書かれている項目に対して、組織の事情に合わせて優先順位を決め、一つひとつ丹念に仕組みをつくり、PDCAしていければ成果は必ずついてくると考えています。

そして、そのようなプロセスをつくり上げた結果として、多くの企業が実際に財務的な成果を継続して上げ続けています。なぜならば、この基準書は組織のトップや経営者が変わっても、変わらない普遍的な真理だからです。

このようにアセスメント基準書の項目に書かれていることに沿って仕組みづくりを行っていく目的は、組織の誰もが成長を実感できる状態、すなわち「A Great Place to Work」をつくり出すことにほかなりません。

「Great」な職場づくりのためには、結果よりもプロセスや仕組みそのものの進化が求められるのですが、その理由は、マズローの欲求5段階説で既に説明したように、働く人の欲求や欲望はきりがなく高まり続けるからです。

マズローの欲求5段階説に対して、人間の欲求はどんどんは進化し、6段階目があるのだということは既に説明しましたが、それは「利他の欲求」というものです。

特に「利他の欲求」が一番身近に感じられるのが、ツイッターやフェイスブックです。SNSに書いても、なにも金銭的には満たされないし、社内での昇進にもつながらないのに、世界中の人たちが、自分の経験をつづった結果として人の役に立つことで心を満たされたいと考えて、SNSが拡大しているのです。

そして、このようにみんなが周囲の人の役に立とうという気持ちをもっている職場こそ、「A Great Place to Work」なのではないでしょうか?

マネジメント力こそ必要とされている

組織が生き残り、永続的に繁栄して行くために求められることは「A Great Place to Work」な職場を実現できるだけのマネジメント力です。そのマネジメント力を高めるために、私が頼りにしているのが経営品質のアセスメント基準書だということは、すでに説明してきました。

ちなみに、この経営品質のアセスメント基準書に書かれている項目は、ピーター・ドラッカーの『マネジメント』という本の目次とほぼ同じだと考えていただければいいと思いますが、ドラッカーの本は概念的でとても難解であり、それをわかりやすくしているのが経営品質のアセスメント基準書だと理解してください。

それでは、「A Great Place to Work」を実現するための具体的評価(アセスメント)項目のポイントを簡単に挙げてみましょう。それらはざっと次のようなものです。

1. 価値観が共有され、それが組織において共感され、共鳴し、共振を起こしているかどうか、すなわち自分が所属する組織において一体感を感じられるようにすること
2. コンプライアンスのような社会的責任をみんなが果たし、社内外ともに、嘘のない、裏切ったり、裏切られたりすることのない組織であること
3. みんなが社会貢献に高い意識を持ち、互いや周囲に思いやりを持てる組織になっていること
4. 顧客のことを良く理解し、顧客からの期待に応え、顧客から信頼される組織であること
5. 顧客に喜ばれるように、そして競争優位のために、適切な経営資源配分が考慮された納得性の高い戦略が策定され、一人ひとりに展開されていること
6. チームとしての組織能力が向上し、従業員一人ひとりが成長を感じることのできる風土づくりができていること
7. 製品やサービスの企画・設計・生産・販売活動において、常に改善が図られ、仕事がどんどんスムーズにできるようになっていること
8. 情報の共有化が図られ、常に自由にコラボレーションが図られるような仕組みがあること

1から8のことは、理想だと思われた方もおられると思います。しかし世の中にはこの理想に向かって諦めずに革新を繰り返している人たちはたくさんいます。

現状に安住するか、現状に目を背けている会社や人と、困難な壁に向かい革新を繰り返してい

る会社や人たちの、どちらが今後の縮小する市場環境の中で生き残ることができるかは、言うまでもありません。

また、今のまま何も行動を起こせないでいる人も、革新に挑戦し続ける人も、死ぬまで悩み続けることは同じです。

しかしながら、少なくとも何も変わろうとしない組織や人の悩みの質に比べ、振り返りと学習により、革新を繰り返している組織や人の悩みの質そのものが高まっていくこと（すなわち、だんだん苦痛でなくなっていくこと）は間違いありません。

少なくとも私自身は、ずっと「Great」な環境で過ごしたいと思っていますし、どうせ悩み続けるのなら、その悩みの質を高めて、同じような志を持った仲間（お客様、ビジネスパートナーさん、地域のみなさんも含めて）とともに前進し続けていきたいと思っています。

さて、そもそも「A Great Place to Work」な職場づくりのためには何が必要なのでしょうか？

それこそがマネジメント力なのです。多くの会社やお店の創業者やリーダーたちは、かつて、あるいは現在もオペレーション力に優れた人たちです。オペレーション力とは、販売能力だったり、事務処理能力だったり、顧客を開拓したりするような稼ぐ能力のことです。

事務処理能力は銀行入出金のキャッシュレス化やＩＴ化で示されるように、著しく効率化が進んでいます。また、そのほかのオペレーション能力を高めるための教育を受ける機会や、ソリューションの提案を受ける機会は十分すぎるほど世の中にあります。

ところが、組織をマネジメントする能力の欠如が、その店や会社の存続において致命傷となるという当たり前なことに、気づいていない人たちがまだまだたくさんいます。

オペレーションは、すでに述べたようにコンピュータなど技術の進化とインターネットなどの環境変化につれてどんどん効率的で簡便になっていきますので、ある程度世の中の流れに乗り遅れなければ、事務処理能力の優劣で、会社の存続が左右されることはなくなってきました。

しかし、いくらＩＴ化が進んでも、事務など支援業務スタッフが辞めてしまい、人の補充できなければ、オペレーションや営業に支障が出て、会社の存続に影響が出ます。

こういった場合、人が辞めてしまうようなマネジメントそのもののほうに問題があるのです。しかも、マネジメント力は一朝一夕で身につくわけではありませんので、継続的な能力向上を図らなければ、確実に組織の永続性は損なわれてしまいます。

ご存じのとおり、ここ数年、かつてないほどのＭ＆Ａブームです。人間にたとえれば空前の見合い結婚ブームが何年も続いていますし、この流れはまだまだ続くと思われます。しかし、そういった組織ほど価値観の共有、共感を進めることを怠った場合、共鳴、共振などあり得ませんから組織的なコラボレーション能力など高まるはずはありません。だから、思うように数字も上がらなくなります。

ここまで何度も書いてきましたが、私は39歳から社長業をやっています。この間誰かが手取り足取り経営を教えてくれたことなどありません。またどの会社も順風ばかりだったことなど一度もありません。

しかし、なんとか乗り切ってこられたのは、経営品質のアセスメント基準に出会ったからであり、これがなければ、今頃どうなっていたかまったくわかりません。レストランチェーンの社長の時に、10億円以上にのぼる借金の個人保証を抱えたまま家族とともに路頭に迷っていたかもしれません。

自社やクライアントの「A Great Place to Work」を実現するためにも、私自身迷った時はいつも、このアセスメント基準という原点に戻ることに変わりありません。

さて、2013年に開催されたMB賞受賞企業報告会での話に内容を少し戻しましょう。

この報告会で全米中のすばらしい経営者たちとお会いし、話を聞き、そして意見交換できたことは私自身、経営者として今後参考とするべき点がたくさんあると痛切に感じました。

この年、国家経営品質賞を受賞し、オバマ大統領からも祝福を受けた組織は4つありました。一つはMESA, Inc.という土管を地中に埋設する中小企業です。これは2度目の受賞です。この会社は経営革新の継続的な取り組みにより、ローテク企業ながら業績が飛躍的に向上し続けているところは特筆すべきものです。

大企業製造業部門ではLockheed Martin Missiles and Fire Controlという組織が受賞しました。この企業は航空宇宙産業のロッキード社のミサイルと大砲などの火器を製造しているカンパニーです。

軍需産業が経営品質？　とみなさんは不思議に感じるかもしれませんが、この会社の顧客の要求・期待を取り込む活動とコンプライアンスの取り組みは比類ないものでした。この会社の主要な顧客はアフガニスタンなど戦地の最前線で働いている兵士ですから、顧客の要求・期待をきちんと把握できなければ、顧客の死に直結します。ですから、そのプロセスの真剣さは私たちのようなサービス業では、とても及ばないものがありました。

コンプライアンスもそうです。こちらの情報が敵に筒抜けになれば、戦地にいる顧客である兵士の命は大変な危険にさらされることになります。

ＭＢ賞の報告会で、これほどまでにコンプライアンスについて集中的に活動報告がされたことは私の記憶にはありません。

それだけ軍需産業の置かれている立場の厳しさと、営業が直接顧客の命に直結する業態に携わる人たちの真剣さには驚きを隠せませんでした。個別セッション後でも日本から参加した生命保険会社の方が真剣に質問していましたが、たとえばスーパーマーケットで顧客の要求・期待の把握に不十分な点があったとしても、それがそうそう多数のお客様の死に直結することはありません。おそらく次は店に来ていただけなくなるというレベルです。もちろん食中毒など食品の安全に対する期待に応える重責は同じですが、この会社では顧客の死と隣り合わせですから危機感のレベルが違います。

病院・ヘルスケア部門からは、North Mississippi Health Servicesが2度目の受賞をしました。こちらの病院のチーム一丸となった取り組みはすごい熱気に包まれていました。表彰式では同病院の職員たちが、全員一斉に立って「やったー！」と叫んでいた姿は印象的でした。あの熱気こそ私たち日本企業から失われてしまったものなのではないかと思います。

また、各セッションでの発表・質疑応答のほとんどは、女性の医師、看護師などの職員だけで行われていました。「日本でもダイバーシティ・マネジメント」と言われて、もう10年近くになりますが、女性の活躍の場という点から考えると、その成熟度合いの違いをまざまざと見せつけられました。

行政組織部門からはCity of Irving（アービング市役所）が選ばれました。同市には市長のほかに、市長に次ぐ権限を持つ、シティ・マネージャーがおり、マネジメントに専念しています。本章のサブタイトルにもありますが、学校も、病院も、市町村役場であっても、オペレーションではなく、マネジメント力そのものが重要視されているわけです。

ですから、同市ではこのシティ・マネジャーが全面的に経営革新を図っています。

これらの受賞組織を見てわかるように、経営品質向上プログラムの有効性は業種や規模にかかわらないということが証明されています。

ここまで、第25回のＭＢ賞を受賞し、オバマ大統領からも祝福を受けた組織は4つあったとご紹介しましたが、何より経営革新の継続的な取り組みによって、ローテク企業もハイテク企業も病院も市役所も業績は飛躍的に向上し続けています。そのポイントをまとめてみると次のことに集約されます。

どの組織も例外なく、人を大切にし、チームワークとコミュニケーションを徹底的に重視しているのです。

特に、次の5点を強く言い続けていました。

- An investment in people（人への投資）
- Team-based environment（チームワークを基本とする環境づくり）
- Stable employment（安定した雇用）
- Opportunity to learn & grow（学習と成長の機会）
- Opportunity to share in success（成功を分け合う機会と風土）

これらの５つの項目は、残念ながらバブル崩壊以降、日本企業から失われつつあるものばかりだと感じたのは私だけではないと思います。

18年前に初めて、ワシントンでＭＢ賞の会議に参加した時よりも、これらの点における日米の差はますます広がっていると感じました。これらの要素こそ、もともと日本企業の強い領域だったはず。

「大丈夫か日本企業!!」それが今の私の率直な気持ちであり、自社ではかなり実践できていたとは思っているものの、一経営者としてまだまだ反省しなければだめだと強く感じました。

受賞企業各社は、人を大切にし、チームワークとコミュニケーションを徹底的に重視するためには、従業員に自社社員としての、あるべき態度を明確に示し、さらにその実践をしっかりと求めていました。

それはなぜかと言うと、「A Great place to work」は、会社側だけの努力では実現不可能だからです。だからこそどの組織においても従業員には次のようなことを強く求めていました。

・Positive Attitude（積極的、肯定的態度）

いかなる時も、前向きで、積極的、そして肯定的な態度で周囲と接しなければならないということです。

・Be Honest（正直、誠実）

いかなる時も、誠実で正直でなければならないということです。当たり前であり、かつ、どの組織にとっても永遠の課題でしょう。私は、会社側も、組合や従業員の要求や主張を聞くばかりでなく、一方で、従業員に、人として正直かつ誠実であれと強く要求し続けるべきだと思います。もちろんそのためには経営者にも正しい姿勢が求められます。

・Communication Communication Communication

コミュニケーションを3回唱えよ、ということです。何をおいてもコミュニケーションを第一に考え、そのためにいろいろな施策を会社が用意していくということです。同時に従業員にもコミュニケーション能力の向上を求めています。組織の生産性を高めるためにはコラボレーション能力の向上は不可欠であり、そのベースとなるものがコミュニケーションだからです。

・Dialogue（対話）

次に対話の風土づくりです。コラボレーション能力を高めるためにはコミュニケーションが重要だと述べましたが、そのためには対話の実践が必要となります。

ダイアログとは、討論（ディベート）のように言葉で相手を打ち負かすということではありません。組織にはいろいろな考え方の人がおり、それゆえ、自分とは違う見方、考え方を持った人はたくさんいるのです。だから対話とは、異なる見方、考え方を互いに認め合うことが何より大切だということです。

経営理念などの組織が大切にする価値観の共有、共感は必須であり、その価値観に対して、いずれ一人ひとりが共鳴、共振するまでに持っていかなければならないのです。

「Good」や「Nice」でとどまることなく「Great」な職場をつくるということは、かなりの志の高さがなければできないことです。

組織の価値観に対して共有、共感、共鳴、共振なくして、「A Great place to work」をつくりだすことはできないのです。

また、どの受賞企業も、Vision（理念・ビジョン）、Strategy（戦略）、Execution（実行）、Metrics（評価及びそのための尺度）がきっちりリンクしています。この点では、外資系ではありますが日本経営品質賞受賞企業となったシスコシステムズ合同会社の仕組みはすばらしいものです。ちなみにこの同社の戦略の展開の仕組みや、コラボレーションの仕組みについては、『コラボレーション革命』（ロン・リッチ、カール・ウィージ著 日経ＢＰ社）という本に詳細に記述されています。どの受賞企業にも共通して言えることは、戦略的な顧客セグメントが明確で、目の前のものは何でも食いつくようなダボハゼ的な戦略を採用しているところはありません。

中小企業であっても、戦う領域やターゲットが明確であり、ＭＢ賞受賞企業の報告は大いに参考になりました。

戦略セグメントの重要性

ここでは戦略セグメントの重要性について、米国で最も注目されるスーパーマーケットの一つ、ホールフーズ・マーケットの戦略について考察します。

ＭＢ賞の報告会では全米中のすばらしい経営者やマネジャーたちとお会いし、話を聞き、そして意見交換できたことは私自身、経営者として大変参考になりました。今後の自社の経営だけでなく、多くのクライアント組織の経営にも参考となる点がたくさんあると痛切に感じましたが、日本から視察に行ったスーパーマーケット業界の人たちと、ＭＢ賞の報告会に参加した経営品質を理解する経営者たちが話すホールフーズ・マーケットの戦略のとらえ方はまるで違い、大変驚きました。

重要なキーワードは戦略的な顧客セグメントです。

スーパーは身近な業種ですから読者のみなさんも理解しやすいし、各社の戦略を考える際にも参考となることと思いますので、あえて誌面を割いて説明させていただきます。

まずホールフーズ・マーケットのことをインターネットなどで調べると、だいたいどのサイトでも次のような紹介がなされています。（各種文献から要約）

ホールフーズ・マーケットは、テキサス州・オースティンを本拠とする食品スーパーマーケットで、３００店舗あまりを展開する比較的高級志向のチェーン（２０１４年当時）。

ホールフーズの魅力は何といっても、「できるだけ加工されていない〝ピュア〟な食べ物」を提供していること。

最近、肥満率が25％、そして成人の65％がメタボとも言われているアメリカでは、食生活の見直しが社会問題となっている。その原因のひとつはいわゆるジャンクフーズにあると言われている。ジャンクフーズは、保存・見栄え・味のためにいろいろな化学成分や調味料などが含まれているので、必要以上に食欲が湧いたり、コレステロールを高めたりと身体に悪い成分が多くあると言われる。そういった成分をできるだけ取り除こうと考えたのが、このホールフーズのコンセプトである。また、イベントやＥメールなどを通して消費者教育にもとても熱心な会社だ。

私は連日、ＭＢ賞会議の後、すぐ近くにあったホールフーズに通い詰めました。ほぼ４日かけて延べ５時間程度、ホールフーズを徹底的に視察しました。食事も可能な限り同社の惣菜やパンにしました。また、寿司もありました。

昨今の風潮から当然ですが、同社ではコーラなど、水以外の炭酸飲料はまったく売っていません。隣のドラッグストアやコンビニエンスストア、小さいデリではビッグボトルのコーラなどジャンクと言われる飲料のオンパレードにもかかわらずです。

ホールフーズの店内に入るとまず気づくのが、どの店員も買い物客の便を考えて行動していることです。果物・野菜類の陳列は整然としていて、店員も買い物客もどちらも果物や野菜を丁寧に扱っていることがわかります。

きれいだから、さぞ料金も高級スーパー並みに高いのかなと思いますが、物によっては、普通のスーパーより安いものもたくさんあります。果物、野菜はオーガニック（有機栽培）がほとんどで、ベーカリー、チーズ、シーフード、肉類、お惣菜、コーヒーなども、自然に優しいオーガニックフードがきれいに並べられています。

米国の平均的なスーパーより店員も多く、質問をすると気さくに答えてくれます。ホールフーズは「フォーチュン社によるアメリカで一番働きたい会社１００」に15年連続ランキングされており、２０１２年は32位でした。すなわち働く人にとっても理想的な職場であり、「A great place to work」を実現している会社の一つです。

ではなぜ同社はこのような戦略、あるいはマーチャンダイジングを採用しているのでしょうか？そこには奥の深い戦略的な意図が隠されています。

ホールフーズのモットーは“Whole Foods, Whole People, Whole Planet（自然食品、健康な人々、健全な地球）”です。この言葉からも、食べ物から始まって、人々や環境のことも考える会社だということがよくわかります。さらに、買い物するのが楽しくなる場所、働くのが楽しくなる場所の演出を上手に行っています。

ちなみに、私が静鉄ストアの社長に就任するにあたって、前社長から引き継いだポリシーは「ホールフーズのようなスーパーを目指せ」でしたので、かなりの研究を重ねましたが、このマーチャンダイジングこそが、スーパーの人たち、いわゆる業界人たちが知っているホールフーズ社の一般的なイメージです。

ところが、ここで会議に参加している他業界の経営者の人たちとともに、連日同社の売場に通い詰めてみて、今まで気づかなかったことに初めて気づきました。なぜホールフーズが有機食材にこだわるのか、別の視点が浮き彫りになってきました。

同社が理念を大切にする理由は、顧客の健康のためだけではなかったのです。

ここでこのお店の周囲の市場環境を少し説明しましょう。ボルティモア滞在中、メジャーリーグで有名なボルティモア・オリオールズの本拠地の球場近くにある２５０年の歴史を誇るレキシントン市場に行きましたが、不衛生で低所得層のマイノリティの顧客が多く危険そうな場所でした。

夜に女性が一人で行ったら帰って来られないようなところですが、生鮮品はボルティモアの中心市街地においては、ホールフーズかここでしか買えません。

もちろん郊外には、ウォルマートやトレーダージョーズなどもありますが、30キロも離れています。このレキシントン市場は、以前に比べればこれでもかなり安全になったそうですが、周囲は制服警官や私服警官だらけで、ドラッグの密売人もいました。

ホールフーズが今のマーチャンダイジングにした大きな目的は、戦略的に客層を良くするためだったのではないかと感じ、市場を訪れることで、そのことをはっきり理解することができました。多くのスーパー業界の人たちとは、この点の理解が違うようです。

レキシントン市場に通うような顧客層が来るスーパーにしてしまっては、強盗や麻薬中毒のような危険な顧客層が来店してしまい、顧客にとっても従業員にとっても、売場は「Great place」には決してなりません。そのような顧客層が来ないようにするために、最も効果的なことは、有機・無添加で高質なスーパーにするということであり、それがホールフーズの戦略そのものなのです。

簡単に言えばコーラやジャンクフードを売らないことで、悪い顧客層が来ないようにしているのです。

このようにスーパー側が戦略的に自社に合うように顧客層を絞り込むことで、日本のスーパーとは比較にならないくらいの高収益を可能にしています。

同社は毎年約10％の営業利益率をキープしていますが、日本のスーパーマーケットはせいぜい営業利益を2％も出せば優良企業です。日本では某最大手スーパーでさえ2兆円も売上がありながら、低価格戦略に終始し、しばしば赤字になってしまうのとは大きな違いです。

このような顧客のセグメントは、日本でも、かつては生活協同組合などがやっていたことだと思いますが、戦略的なセグメントが明確になっているからこそ、良質のお客様に囲まれ、社員は安心して仕事ができ、結果として会社も儲かり、社員も豊かになるのです。だからこそ結果として、働きたい職場全米ベスト100に、いつも入ることができているのではないかと思います。

これは業種・業界は違おうとも、どこの会社でも目指すべき姿としては同じことではないでしょうか？

悪いお客様ばかりに囲まれている会社やお店がみなさんの周囲にありませんか？　逆に良いお

客様ばかりに囲まれている会社やお店もたくさんあると思います。

　ここでの事例から気づいていただきたいことはまさしく、このような差がどうして生まれてしまっているのかということです。

　悪い顧客層に囲まれていたら、質よりも価格の要求ばかりされるし、クレームも多く、余分な手間ばかりかかり悪循環に陥ります。だから忙しいわりに利益が上がらないのです。逆に、儲かる会社やお店は良い顧客層に囲まれているから収益率が高いのです。

　戦略性のない経営からいかに脱却するか、日々の積み重ねが、５年後10年後に大きな差となって目に見えてくるのです。

　静鉄ストアも、お客様との理念の共有、共感、そして共鳴、共振を目指し、安売りに血道を上げる他社と差別化して、ホールフーズには遠く及ばないまでも、良い顧客層の店にしていくことが必要だと痛感しました。

　しかし、結果的に収益率が高まり、お得意様と従業員を大切にすることにつながるのだと確信を持って帰国の途についた次第です。

　ここでご理解いただきたいことは、お店の雰囲気によって、同じお客様が良い顧客にも悪い顧客にもなるのだということです。

マネジメント力向上は戦略性こそ重要

私はこれまで、数多くの企業・組織のコンサルティングや教育研修をしてきました。その中で、たちの悪いお客様ばかりに囲まれて、蟻地獄のように苦労している会社やお店、あるいは営業マンも本当にたくさん見てきました。

ある時、どうしても目の前の契約を取るために、提供すべきサービスの範囲を逸脱してしまったのか、あるいは追い込まれてそうせざるを得なかったのかもしれませんが、精神的に参ってしまった方に出会いました。

彼は、法人取引先の社長から契約とは関係のない雑務や、その会社の業務の手伝いのようなことを休みも何も関係なく次々と押しつけられ、断り切れず、精神的に追い詰められて、病気を患い、仕事を辞めざるをえないことになってしまったのです。

「もっと早く仲間に相談してくれていれば、そのお客様に毅然とした態度で接することができたのに」と、彼の上司は残念がっていました。

目先の数字ばかりを追いかけてしまったために、足元を見られ、単なる便利屋にさせられてしまったのですが、こういうお客様は全国どこにでもいます。困ったことにこのようなお客様は別のお客様を紹介してくれるのですが、そのお客様も同類だったりすることがほとんどです。

似たような苦労をされている方はみなさんの周囲にもいませんか？

一方、良いお客様ばかりに囲まれている会社や営業マンもたくさんいます。宮城県のある保険代理店では、平日の営業時間内でしか事務所の対応をできない旨をお客様に伝え、20年以上徹底していますから、夜になってお客様が事務所に来ることはありません。

お正月もお盆も「事故対応受付は原則保険会社の対応窓口に連絡してください」と徹底しています。

実際、毎年正月は社員全員で数日間海外旅行に行ってしまいますが、その間は当然保険会社の損害サービス対応にすべて任せており、それでもお客様からお叱りを受けることは皆無です。

それゆえ、事務担当者も安心して仕事ができるので、対応も良くなり、さらに、良いお客様が良いお客様を紹介してくれるという好循環サイクルができあがっています。

結果として、大きな代理店ではないにもかかわらず、この代理店の成績は優秀で、東北地方を代表する会社として保険会社から何年も優績表彰を受け続けています。

これまでご紹介したことからお気づきいただきたいことは、まさしくこのような差がどうして出てしまっているのかということです。

それは、戦略なきダボハゼ営業（何でも食いつくがピラニアにもなりきれていない中途半端な営業ということ）に終始している会社やお店、営業マンと、常に戦略的意図に基づいて動いている会社やお店、営業マンの考え方やスタンスの違いに尽きるのです。

4つのP＋STP

ここでは、ダボハゼ的な営業から脱却するために、戦略的に動くことの基本を具体的に説明してみましょう。

キーワードはマーケティングの基本である4つのP＋STPです。

戦略を立てるうえでは、このSTPがとても重要なファクターとなりますので、まず説明します。

S＝優先順位の高い顧客セグメントを明確にすること

例：法人か個人か、単一商品提供か、トータルソリューションかなどです。

T＝目指すべき会社、お店としてのターゲットを明確にすること

例：顧客との親密性で勝負するのか、業務の正確性やスピードで勝負するのか、商品の提案力で勝負するのかなど、どのような会社の姿を目指すのかということです。

P＝自社のポジショニングを冷静に見極めること

例：事務力、提案力、販売力、顧客満足度など、それぞれの活動する地域でどの程度の位置づけなのかを知り、それに基づき自社の強みを生かした営業を実施していくということです。

＊＜参考＞
ナレッジサイト「商人舎」
結城義晴コラム

たとえば、ある大手保険会社には、経営の羅針盤ともいうべき保険代理店のマネジメントをサポートする仕組みがありました。代理店自らが、このポジショニングを把握することで、自社の収益モデルの位置づけを明確にできるすばらしい仕組みです。

この経営の羅針盤は飛行機の操縦席に座った時のように、目の前のいくつかのメーターが自動的に動き、マネジメントをするうえでの重要な指標の状況をタイムリーに示してくれる仕組みです。しかし、一般的にスーパーマーケットなど他業態にこのようなものはありません。

もし経営者が、机のコンピュータの前に座れば、飛行機のコックピットにいるように、会社の経営が順調かどうか、あるいはどこがボトルネックになっているのかをタイムリーに把握できるこのような仕組みがあれば、スーパーマーケットやレストランチェーンの経営者だけでなく、あらゆる業態の多くの経営者にとって夢のような仕組みです。

なぜならば、戦略的にどこに経営資源を集中したらよいかを容易に把握して社内で共有でき、重要なポイントが簡単にわかるからです。

一方、自社の顧客満足レベル、従業員満足のレベル、サービスのレベル、事務の効率性のレベル、提案力のレベルなどを知るために、世の中の多くの会社では大変なエネルギーと金と時間を費やしているし、それでもこのようなことはまったくわからず五里霧中で経営している会社やお店のほうが圧倒的に多いのです。

戦略の重要性に無頓着な会社や組織の場合は、収益を継続的に上げていくための戦略策定や展開にあたってこのような役に立つ仕組みの必要性に気づいていません。

このことは経営品質のアセスメント基準でいえば、情報マネジメントの仕組みづくりというカテゴリーで強く求められていることですが、どちらにせよ、これらのSTPを組織の全員で何度も議論し、共有していくことこそがとても大切になりますので、私が実施している最近のクライアントでのコンサルティングでは、特にこの点に時間をかけるようにしています。

その結果、STPがみんなで共有化されれば、目指すべき所に向けて、合意と納得性をもって、限られた経営資源、つまり「人」「モノ」「金」「時間」などリソース（資源）の適切な配分を考えることができるようになります。

重要なことは、中長期ビジョンを見据えて短期的課題に迅速に対処していかなければならないということです。目先の対処、オペレーションの強化だけでは、またダボハゼ営業の会社に舞い戻ってしまうのです。

もっと具体的に言えば、次に挙げるマーケティングの4つのPを整理し、全員で共有しなければなりません。

Price＝主戦場とする価格ゾーンを明確にする
Place＝営業の主戦場（地域や領域）そのものを明確にする
Products＝武器とする商品群を明確にする
Promotion＝自社の強みをどのようにお客様にアピールするかを明確にする

さらに、これらを可能な範囲で自社にとって最適に組み合わせいくことはとても重要です。なぜならば小さな会社やお店では当然のこと、大手企業であってもできることには限りがあるからです。

だからこそ「優先順位の高い、投資すべきことは何か？」「時間と金と人をかけてでもやり抜くことは何か？」「やらないこと、あきらめるもの、捨ててもよいものは何か？」ということを明確にして、本部だけでなく最前線の営業マンや事務のスタッフも含めて社内に徹底していかなければならないのです。

そして、このようなことをみんなで考え続けるという日々の積み重ねが、5年後10年後に大きな組織的能力の差となって目に見えてくるのです。私の知る限り、成果が上がらない会社やお店でこのようなことをきちんとやれているところはほとんどありません。

これまで述べてきたように、悪い顧客層に囲まれていたらクレームも多く、余分な手間ばかりかかり悪循環に陥ります。だから忙しいわりに利益が上がらないのは自明の理です。

逆に、儲かる会社やお店は時間をかけて、「良い顧客層に囲まれて仕事ができる」ようにしてきたからこそ収益率が高いのです。これこそが真理です。

良質の客層に変えていくことは残念ながら一足飛びにはできないことですが、安易なM＆Aを繰り返し、吸収合併することによって、図らずも悪い顧客層を取り込んでしまい、結果として苦労している会社も数多く見受けられますので十分ご注意ください。

マーケティングの基本である4つのPについては、拙著『勝つための価格戦略とそのメカニズム』（日本コンサルタントグループ）や共著『超保険進化論』（ＩＮＳＰＲＥＳＳ績文堂）でもわかりやすく書きましたが、ここで『近代中小企業』（編集アトリエマジカナ）に投稿した内容を引用してご紹介していきます。

お客様にとっては「割安か割高か」こそが問題

どのような業界であってもお客様にとって商品・サービスはただ安ければよいというものではありません。割安か割高かこそが重要となります。

このことは直感的には誰もがわかることですが、体系的にマーケティングの基本にそって説明していきます。

永続的に卓越した業績を上げていくためには、マーケティングの基本を知ることが大切です。マーケティングは狭い意味では市場調査も意味しますが、広義には商品・サービスの企画、設計、生産販売、アフターサービスに至るまですべてのプロセスを意味します。

特に重要な基本が、４つのＰと言われるものです。

Price（価格）

Products（商品・サービス）

Place（立地・エリア）

Promotion（販促・広告）

これら4つの要素を効果的に組み合わせていくことをマーケティングミックスといいます。

業界を問わず実際の価格決定に際して、よく見受けられる事例をご紹介しましょう。

(1)原価の積み上げだけで価格を決めている場合

原価の積み上げだけで価格が決められている例がよく見られます。

スーパーマーケットで多く見られますが、仕入原価に対して利益幅を自社の都合で設定したパーセンテージだけ上乗せしたり、メーカーでも、工場の生産原価に一定の利益を乗せたものを販売価格にしたりすることです。これがなぜ悪いのかと思われる方も多いことと思います。

市場規模が拡大していた高度成長期ならば、これで問題もなかったでしょう。しかし、今後の長期的人口減少に伴うマーケットの縮小環境の中では、このような売り手の都合で決められる価格設定方法が成り立つのは電力会社などのような一部の企業だけに限られます。なぜならば、売り手側の一方的な価格設定に対しては、昨今の消費者は大変厳しい目を注いでいるからです。

(2)法則を無視して、低価格だけで販売実績を上げようとする会社

お客様の購買行動は、前述のマーケティングの4つのPによって決定されます。しかし、この

4つのPのバランスを無視して、ヒット商品を生み出そうとしたり、販売量を増やそうとしたりするには無理があると言わざるをえません。安売りだけでは、一時的にしかお客様を引きつけることはできないからです。

なぜならば、安売りが当たり前になると、もはや安売りが安売りでなくなってしまうからです。ハンバーガーチェーンの例からも、このことはほとんどの人が理解できることと思います。半額の商品は1年も経てば半額ではなく、それが定価となってしまうのです。

マーケティングミックスを理解できていない企業は、無用な低価格戦争に自ら突入してしまい、ボディブローを打たれ続けるような消耗戦に突入し、じわじわと体力を失っていきます。

ほとんどの会社では、思っているほど価格のみが決め手になってお客様が商品やサービスを購入しているわけではないのだから、ほかの要素とのバランスにもっと気を配らなければならないのです。

(3)同一商品・サービスに対する価格の硬直性からいつまでも脱却できない会社

本来、価格というものは需要と供給のバランス、すなわち市場原理から決定されるわけですから、たとえ同じ商品やサービスであっても消費される時間帯や、商品の新鮮さ、成熟度合い、市場のニーズの強さに合わせて柔軟に変化させなければなりません。しかし、このことが考慮されていない会社もよく見かけます。

したがって、自動車保険の無事故割引などの等級変更や、スーパーなどでよく見られるタイムサービスは非常に理にかなった方法だと言ってもよいのです。このことを上手く活用できていない会社も意外と多いものです。

このように価格設定にはいろいろな考え方があり、商売の原則を逸脱したやり方がいまだに数多くあるということです。

低価格戦略では、利益が確保できなくなる

一番大きな問題は、低価格戦略を続けていくと客層・客質は確実に下がるという点です。質や割安など関係なく、ただ安いだけのものを求めるお客様のみを追いかけていくと、トラブルは絶えないでしょう。もっと安いものが出れば簡単に乗り換えられてしまうので、業績はいつまでたっても向上しませんし、利益はなかなか出ません。

さらに安売り広告に頼る会社では、広告を止めた途端に売上は落ちるため、止めることができなくなります。麻薬のようなものです。しかもインパクトが少しずつ弱くなりますから、より刺激のあるものを、より多く打ち続けなくてはならなくなります。そしてどんどんそのためのコストが増えていきます。

一方で、価格の絶対額ではなく、割安感を大切に考えてくれるお客様層に対して力を注ぎ、適

切な単価を維持し、売上・利益を最大化しているスーパーマーケットやホテル、レストランなどはたくさんあります。

みなさんはどちらの会社の方に将来性があると思われますか？

ここで再確認していただきたいのですが、そもそも価格は、本来、コスト（原価）、ディマンド（需要）、コンペティション（競争）の3つの要因が絡み合って決められるべきものです。この3要因のバランスや組み合わせが巧いか拙いかで、各社の価格設定における戦略性が大きく左右されるのです。

さらに商品の価値を決定するのはお客様です。したがって価格決定においては、供給側の論理ではなく、需要側の論理を優先しなければならないことは言うまでもありません。

前述の通り、お客様の割安感を決定する要因は、マーケティングの4つのPの絶妙な組み合わせによって変化していきます。

銀座では、なぜ1杯1000円もするコーヒーが売れるのか？

銀座では、なぜ1杯1000円もするコーヒーが売れるのでしょうか？　また、自動販売機のコーラはなぜ160円でもあれほどたくさん売れるのでしょうか？

銀座は家賃が高いからだとお答えになるかもしれませんが、それは違います。銀座や自動販売機のコーラには、そのような高い価格でも割安だと考えるお客様がたくさん存在するから売れるというのが正しい答えです。ここが商売の面白いところです。お客様さえ存在するのであれば、どんな価格でも成り立つのです。

自社の置かれる立場がどのようなもので、どんなお客様層がどのくらいいて、そのお客様が何を望んでいるのかを的確に把握することができれば、１０００円というコーヒーの価格でも商売は成り立つのです。

もちろん銀座であっても、高級珈琲店の隣に１００円で飲めるコンビニエンスストアも存在しているのにです。

ディスカウントスーパーに行けば、コーラやお茶は半額の78円で買えますが、そのスーパーの外に置いてある自動販売機では１６０円で販売しており、実はこれもけっこう売れているのです。

つまり、お客様の真の要求や期待を知らないと、上質なお客様層をみすみす捨ててしまうということになります。

そもそもみなさん自身も、安いだけのコーヒーショップに行くのでしょうか？　みなさんの奥様は安いだけの美容室に行っているのでしょうか？　少なくとも奥様方はほとんどそんなことはあり得ません。

そのお店の雰囲気、従業員の態度、立地、味などを考えて選んでいるのではないでしょうか？　経営者は戦略的にお客様の要求・期待を的確に把握しておけば、低価格でなくとも、割安感は感じていただけます。

同質化競争の罠、価格競争の泥沼

バブル景気崩壊後、長期にわたる不況の中で、価格破壊が進み、安易な低価格戦略に終始した会社が非常に多くありました。その結果、ハンバーガーチェーンの半額セール、牛丼チェーンの480円から250円への値下げなどという類の割引合戦の乱立を招くことになったわけです。一部の企業を除き、割引合戦はほとんどの企業体力を消耗させただけでした。事実大手ハンバーガーチェーンや外食チェーンの多くは軒並み赤字に転落していったのです。数千億円も売上高がありながら赤字を続けるということは、普通なら考えられないことです。

厳しく言えば、儲けも出さずに安売りだけするなら子供店長でもできます。

冷静に周囲を見渡すと、外食業界に限らず、価格競争の泥沼に陥って、結果として自らの首を絞めてしまった企業では、価格の値下げ効果よりもダンピングによる粗利の低下などマイナスの方がはるかに大きくなってしまったのです。

私はこのような現象を、「同質化競争の罠」「価格競争の泥沼」と呼んで来ましたが、昨今ではこれを「コモディティ化」という言葉で説明することが多くなっています。

私は常々単なる低価格競争は長くは続かないのだということを、価格破壊ブームの中でも主張し続けてきました。根拠は、かつて私がコンサルティングを実施した結婚式場業界の実例です。お客様にとっては実際の挙式にかかる費用の絶対額の大小には関係なく、実際に投下した費用に対して、それ以上の満足感が得られたかどうかで割高感・割安感が大きく左右されていたからです。

わかりやすく言えば、「高単価なのに安かった」「低価格なのに高かった」という顧客が非常に多く存在したのです。

経営的に見れば、財務体質の強化のためには、このような低価格一辺倒の戦略から脱却し、きちんとした利益が上げられる体質に転換していかなければなりません。

そのための重要なキーワードは「コモディティ化からの脱却」です。

もともとコモディティという言葉は、「農産物のようにいつでも変わりが見つかるもの」と定義されており、差別化できないもののことです。

コモディティ化からの脱却

農園で木に付いているコーヒーの実の状態がコモディティです。1杯のコーヒー分の原価は数銭にしかなりません。

次に、商品でも手を加えて製造すると若干付加価値が付き、価格競争から少しだけ脱却できます。コーヒーの実を焙煎すれば、1杯当たりの豆は20円くらいになります。この段階で1000倍の価格になります。

この豆を使ってコーヒーを抽出すると２００円で売れます。これで付加価値は1万倍となります。

さらに、良いサービスの提供が付加価値を高めるためには大きな力となります。私がよく行くスターバックスでは1杯２０００円のコーヒーを販売開始したところ売り切れが続きました。これは、他社では飲めないという希少性があるからで、付加価値は木の実の状態で販売するのに比べて10万倍になっています。

このように決定的に他社に差を付けるためには、ほかでは得られないすばらしい体験や経験の演出が必要となります。

その典型はディズニーランドです。夢のような経験ができるから、お客様は価格のことを言わないし、同じアトラクションでも飽きもせず何度も行きたくなります。お客様はこのすばらしい経験や体験に付加価値を感じてお金を払ってくださいます。

このように体験、経験を提供していくことで、他社との差別化が大きく図られ、付加価値を感じていただけるお客様が増え、客層が良くなり、みなさんの会社のブランドイメージが高まり、価格競争の泥沼からの脱却が図れるわけです。

40年ほど前には地域で大繁盛していた八百屋さん、魚屋さん、肉屋さんが、みなさんの周囲にもありました。そういったお店がなぜ売上は低迷し、結果として廃業してしまったり、コンビニエンスストアになってしまったり、大手の傘下にどんどん吸収されてしまったのでしょうか？

それは、中小企業こそ大手以上に地域密着、顧客密着で勝負しなければならないのに、大手と同じようなことを後追いでやろうとしたり、大手の真似ごとをしたりして、独自性を出せずにいたからです。それでは生き残れるはずはありません。

現状で安心している経営者はいないとは思いますが、みなさんの会社はこのような衰退してしまった八百屋さんや魚屋さんのようなお店になりかかっていませんか？

一度、ご近所の商店街で今でも繁盛している魚屋さん、肉屋さん、八百屋さん、そして食品スーパーを、マーケティングの４つのＰの視点でじっくり覗いてみてはいかがでしょうか。生き残りの方向性が見えるかもしれません。

やりがいと成長を感じられる場所

では再び、「A Great Place to Work」について考えてみたいと思います。みなさんは「Great」な職場と言えばどんな職場を思い浮かべるでしょうか。

多くのみなさんが直感的に感じるのは、やりがいと成長を感じられる場ではないでしょうか。と同時に、スタッフ同士が明るく仲の良い和気あいあいとした職場を連想される方もおられるでしょう。我が国では古来「和を以て貴しとなす」と言われ続けてきましたので、和のイメージをお持ちの方もたくさんいると思います。

私はこれまでコンサルタントとして大企業から小企業までたくさんの企業・組織を見てきて、

あるいは経営者として多くの店舗をマネジメントしてきた経験上はっきりと断言できることがあります。

職場内がギスギス、ピリピリしていて数字が上がり続けている企業や店を見たことがありません。そのような組織風土の会社では、一時的な成果は出ても、中長期的には組織が弱体化していくため、永続性はありません。それどころか一旦業績が悪化したら、それまでのなりふり構わぬ営業により社内外の信頼を失ったダメージはとても大きく、回復はとても困難な状況となります。

ギスギスしているよりも和やかなほうが過ごしやすいことは間違いありませんが、一方では困ったことに和やかさとルーズさを勘違いしてしまっている方たちも多いように思えます。

私が、いろいろな企業で良い風土づくりの重要性を唱えれば唱えるほど、逆に猛烈に抵抗する経営者や幹部の方たちはたくさんいます。そのような人たちは、過去の人生経験上、ルーズさと自由闊達《かったつ》さの違いを実際に理解できておらず、良い風土＝気が引き締まらない悪い会社という固定観念で凝り固まっています。

なぜそうなってしまうかといえば、おそらく、これまでの人生経験の中で、スポーツも含めて、真に自由闊達な組織の生み出すパワーの強さを目の当たりにした経験がないためではないでしょうか。

私の年齢では想像でしか言えませんが、戦前の日本軍の人たちに、自由闊達な米軍の風土をいくら口で説明してもわからないのと同じようなことだと思います。

少なくとも映画やドキュメンタリーフィルムを見る限りにおいては、第二次大戦当時、日本人の大半は、当時の米軍の組織風土を知るよしもなく、軍隊も日常生活でも厳しく取り締まらないと成果が上がらないと信じ切っていたのではないでしょうか。

結果として旧日本軍が勝てない組織だった理由の一つは、自由闊達に意見が言い合える風土ではなかったということです。にもかかわらず、今でもそのような考えの人が現実には多くの会社に存在しています。「あの○○支店長は独裁者と言われている」なんていう声もよく聞きます。

もちろん、ルーズな組織において成果や営業成績が上がり続けることは、わずかな例外を除いてほとんどありません。

「和を以て貴しとなす」ということの本質

そこで、ここでは「親和」ということの本質を考えてみます。

みなさんは我が国最初と言われる聖徳太子の憲法の第一条をご存じでしょうか？　私が所属していた静鉄ストアの経営理念・社是には「親和」という項目が掲げられ、「和を以って貴しとなす。共に信じて議論をつくし、個々の力を結集します」と書かれています。ＨＰで、誰でもご覧いただけます。

私は、その意図を社内に次のように説明しました。

「親和」という言葉は、たとえば「親和性」というように使われますが、物質と物質の相性の良さを表す尺度として使われる言葉です。

私は、個々の従業員の親和性を高めて、チームとしての大きなパワーに変えていくことは何より重要なことだと思っています。

「和をもって貴しとなす」という言葉は、聖徳太子の十七箇条の憲法の第一条に書かれているものですが、真の意味を知らない人はとても多いように思います。

そもそも「和」とは足し算などでよく使われる言葉です。つまり、１＋１＝２が、積み上がって３や４になっていくことが期待されて使われる言葉です。

ここで聖徳太子の憲法第一条の原文を確認してみましょう。

「和《やわらぎ》を以て貴しと為し、忤《さか》ふること無きを宗とせよ。人皆党《たむら》有り、また達《さと》れる者は少なし。或いは君父《くんぷ》に順《したがわ》ず、乍隣里《またりんり》に違う。然れども、上和《かみやわら》ぎ下睦《しもむつ》びて、事を論《あげつら》うに諧《かな》うときは、すなわち事理おのずから通ず。何事か成らざらん」

簡単に説明すると、「上下関係など気にせずにどんどん議論を重ね、突き詰めていけば、自ずと正しい理屈や道理が見えてくるはずだ。その理屈や道理が正しいとみんなが思えば、組織の中で、その理屈や道理が当たり前のように通るようになる。だからできないことなどなくなるのだ」という意味です。１４００年以上も前の聖徳太子の時代も現在も、組織の抱える悩みはほとんど同じだということがここからよくわかります。

みなさんのお店や組織では、このように年齢、経験、性別など関係なく議論や対話は自由闊達にできているでしょうか？　もし、このような対話がとことんまでできていれば、正しい理屈や物事の道理は明確に見えてくるはずです。そうしてその道理に一人ひとりが納得しさえすれば、組織一丸となってそこに突き進めるので、必ず成果に結びつくということです。これはまさしく真理です。

数人あるいは十数人しか社員が在籍していない会社やお店の規模ならば、このようにとことん対話することは大企業よりはるかに手間がかからないはずです。

それなのに、この対話プロセスで手を抜けば、あるいは社長が「いちいち言わなくても、みんなわかってくれているはずだ」と勝手に考えて、納得できるまでの対話を怠れば怠るほど、成果など出るはずがありません。

成果が出ないのは、トップや店長が「やれ」と命令する道理に社員が納得していないからであり、納得できないことに対しては、やらされ感いっぱいで取り組んでいる可能性が高いからです。

価値観が共有、共感できず、共鳴、共振もできていない企業やお店の成果など上がるはずがありません。

われわれは、今一度、このきわめてシンプルなマネジメントの基本中の基本に立ち返り、足下を見つめ直す必要がありそうです。

成果の出る企業と出ない企業の違いはどこにあるのか

成果の出る企業と出ない企業の違いは、ＭＢ賞や日本経営品質賞受賞企業の経営を分析してみるとその本質は明確です。

それは、「ぶれることなく、信念を貫き、独自のカルチャーづくりに挑戦し続けている」ことにあります。

私のオフィスにかかっているカレンダーの標語にこんな言葉がありました。「利害のために生き方を変えていると、利害によって行き詰まる」

すばらしい会社や経営者で、利害のためだけで生き方を変えている人を見たことがありません。

ここで言う信念とは、経営理念であったり、組織が大切にする価値観であったりします。独自のカルチャーとはまさしく独自の組織風土です。

リッツ・カールトンホテルのクレド（信条）などはその最も有名なものです。このクレドをもとに30年もの時間をかけてつくり上げられたリッツ・カールトンホテルの組織風土は他社は真似できないものであり、さらに、顧客にもそれが理解されているため高収益を可能としています。

このような会社では理念に共感しているファンが多いため、もし不祥事のようなことがあってもすぐに元に戻ります。

利害とはつまり、安さだけで繁盛していた店などで食品表示問題のような不祥事があれば、客離れは止まりません。「金の切れ目は縁の切れ目」だからです。

独自の風土づくりの重要性は、このようなことからもご理解いただけるのではないかと思います。そして永続的に卓越した組織において、昔も今もそして洋の東西を問わず共通していることは、変えてはならないことと変えなければならないことを明確に把握しているということです。これこそがマネジメントの要諦です。

日本でも古くは、松尾芭蕉がこのことを「不易流行」と言っています。

不易流行を知る

「不易流行」とは、激動の時代を生きていく中で、ぜひ覚えておきたい言葉です。

これは、松尾芭蕉が『奥の細道』の旅の間に体得した概念と言われています。

「不易を知らざれば、基立ちがたく、流行を知らざれば、風新たならず」。すなわち「不変の真理を知らなければ基礎が確立せず、変化を知らなければ新たな進展がない」、しかも「その本は一つなり」、つまり「両者の根本は一つ」であるというものです。

「不易」とは変わらないこと、簡単に言えば、どんなに世の中が変化し状況が変わっても、絶対に変わらないもの、または変えてはいけないものということで、「普遍の真理」を意味します。

経営品質の考え方に当てはめると、企業にとって「従業員重視」「顧客本位」「社会との調和」

「独自能力（独自の良い風土づくり）」は、「A Great place to work」な組織をつくるうえで普遍の真理あるいは定石と言えるものです。

逆に、「流行」とは変わるものということで、社会や状況の変化に従ってどんどん変わっていくもの、あるいは速やかに変えていかなければならないもののことです。

つまり、「従業員を大切にすること」や「お客様を大切にすること」「社会に嘘をつかないこと、社会の役に立つこと」「他にない独自性をもつこと」などの重要性は1000年経っても変わらないでしょうが、「社員のやりがいを引き出す方法」や「お客様を大切にする方法」や「社会貢献の仕方」や「戦略の具体的な内容」は時々刻々変えていかなければならないと言うことです。朝やってみてだめだとわかったならば、午後にはやり方を変えなければならないことも多くあります。まさしく業務の実行段階では朝令暮改をも、むしろ良しとしなければならないわけです。

本来この「不易流行」は俳諧に対して説かれた概念ですが、経営そのものや、学問、文化、人間形成にもそのまま当てはめることができます。

先人たちはその中から「不易」すなわち「普遍の真理」を導き出してきました。その「不易」を基礎として、刻々と「流行」する森羅万象を捉えることにより新たな「実践知」が獲得され、さらにその中からまた「不易」の重要性が、より浮き彫りにされてきました。

「不易」は「流行」の中にあり「流行」が「不易」を生み出す、この「不易流行」システムによって学問や文化が発展してきたのです。

企業の経営も同じであり、「不易」と「流行」のスパイラルによって成長していきます。「ドッグイヤー」といわれる中では致し方ないことでしょうが、昨今は「不易」より「流行」が重視される風潮が顕著になってきています。「即戦力になる人材」や「すぐに役に立つ販売やオペレーションの知識」が、より強く期待されるようになりました。

しかし、一見「即戦力になりそうな人材」は往々にして基礎がしっかりしていないため（不易が明確になっていないため）に寿命が短いことが多く、流行すなわち「すぐに役に立つオペレーションの知識」は今日、明日は役に立っても、半年もすれば陳腐化し始めます。さらに誰でもできることならば他社でもできることですから差別化にはつながりません。

私たちは、つい目先の利益にとらわれ、短絡的に実用的なものを求めがちですが、このような時期だからこそ「不易流行」の意味をじっくりと考える必要がありそうです。

そして、経営品質の奥義を学べば学ぶほど、その概念はまさに不易流行そのものなのだということに気づくはずです。[*11]

中長期ビジョンの重要性

さて、ここでは10年後を見据えた中長期にわたる経営ビジョンの重要性について考えましょう。

＊11
〈参考文献〉
日本数学会『数学通信』
第8巻第2号

10年後の自分の会社はどう進んでいくべきか、あるべき方向性だけは経営者として固めておく必要があります。

私も以前は「こんなに激動の時代に10年先なんか考えられるのか」とも思っていましたが、昨今、サポートをさせていただいた何社ものクライアントの経営品質に対する取り組みを通じて、時々刻々と日々の戦略は変わろうとも、10年先を見据えた取り組みは不可欠であるとの思いが今まで以上にはっきりとした確信に変わっています。

さらにＩＣＴ（Information and Communication Technology）全盛の時代だからこそ、企業経営においても、前述した「不易流行」の需要性が高まっています。そこで、このことを問題提起も含めて考えてみます。

静鉄ストアが属する静岡鉄道グループ全体の経営理念は「安全・安心・快適のあくなき追求」と掲げられています。これを、スーパーマーケット事業に置き換えると、「安全・安心・健康・美味しい・楽しい」の追求ということになります。

さらに「地域で一番信頼され、選ばれる会社」となることをビジョンとして掲げています。これこそがまさしく、安易に変えてはならない「不易」であり、すべての施策はこのことに結びついていかなければならず、その実現のためにはベースとして機能的価値（顧客が当たり前に要求する価値）をきちんと提供できるようにすることと同時に、他社では得られない情緒的価値（顧客の期待を上回る価値）と経験価値の提供ができる組織風土づくりを目指してマネジメントをしていかなければなりません。

販売企画や新商品投入の計画の10年先は、とても予測できませんが、次期社長や次世代の経営幹部を育成しておくこと、社員の人材開発、その結果としてなしえる組織の風土改革などは10年単位で考え、取り組んでいかなければ無理だからです。

ただし、大企業のみなさん、特に3年程度の短期間での転勤が多い支店長や支社長など総合職で全国に転勤がある人たちにとっては、頭ではわかってはいるけれど、現実はなかなかできないことだと思います。

誰だって3年程度で転勤になってしまうのであれば、在任期間中に目に見える成果を上げようと考えるだろうし、前任者とは違う視点を打ち出していかなければ、自分の独自性が出せないと考えるでしょう。

それゆえ、戦略は変えても良いのですが、目指すべき戦略の方向性はコロコロと変えてはいけないですし、見据えるべき視野も比較的短期的になったりせざるをえず、結果、一番目に見えやすい、目先の財務的成果（成長性）を高めるための商品研修や販売研修などに重点が置かれていくのは致し方のないことです。

しかし、これは不易流行で言えば「流行」の部分です。ずっとその地域で仕事をしなければならないスーパーマーケットやレストランや販売代理店、あるいは大企業でも転勤のない地域限定社員は、転勤のある幹部が展開する短期的施策に惑わされて、大切な「不易」を見失ってはいけません。

一丸となって向かうべき、この「不易＝企業目的」が曖昧になると、必ずや、目先のことばかりを考えて戦略の大きな方向性がコロコロ変わってしまいます。すると社員もお客様も困惑してしまうので、自分たちの目指すべきビジョンや方向性・理念とそれに基づく戦略の方向性を簡単に変えてはならないのです。

しかし、組織で仕事をしている以上、新支店長や、新支社長が着任すれば、「流行」の部分、すなわち戦略そのものが変わるのは当然であり、新陳代謝が起こります。それゆえ、柔軟なスタンスで向き合っていかなければなりません。

このところのバランスを上手く取っていくことがとても重要なことになります。

機能的価値とは、お客様から見た場合、どこの店でも、誰がやっても同じようにやってほしいことを、きちんとできるようにすることです。

実際の現場ではこれだけでもなかなか徹底できず苦労していますが、実は機能的価値の提供だけでは、お客様からの感謝の声をいただけないため、従業員のやりがいは高まらないし、他社でも同じことはやっているので差別化できないのが現実です。

さて、情緒的価値とは、一人ひとりの工夫から、お客様の期待を上回り、「喜んでいただける」ための、ちょっとした「気づき」の積み重ねによって生み出される価値です。

これが良い風土を持つ組織になっていくためには欠かせないことなのです。

良い風土づくりには5年・10年単位の時間がかかりますが、それだけ時間がかかる変革だからこそ他社は簡単に真似できません。

だから強い会社として存続するためにこそ、10年単位で中長期的に組織のビジョンを考え続けることは必要なのです。それはなぜでしょうか？

お客様にとって責任ある対応をしていくためには、30年、50年単位で会社や組織を継続させていかなければなりません。期間の長い商品を販売する保険会社や、一生で一番大きな買い物である住宅販売会社ならばなおさらで、目先の成長性ばかりで右往左往してはいけないからです。

また、客観的に見れば、長続きしている会社に見られる普遍のスタンスは「損得より善悪」が判断基準です。この基準が良い商人と悪い商人の分水嶺です。一般的に損得＝金、善悪＝信用と言われます。

昔から「ベニスの商人」という物語が悪い商人の代表例として語られますが、洋の東西関係なく本質は共通なようです。

さて、中長期的なビジョンを持つことはやはり重要だということを書きました。そして、ほとんどの会社では毎年年度末までには来期以降の戦略を策定しなければならないはずです。

毎年せめて1回そのような時期に、自分たちの会社・組織の中長期ビジョンを話し合い、確認や見直しをしてみてはいかがでしょうか？

私は自社でも、クライアント先でも、中長期ビジョンの策定に当たっては、各部署・各店で10年後に当社を背負っているはずの若手社員や現場の意見を聞き、どんな姿になっていたいかをアンケートでまとめて、必ずその意見を取り込んでいます。10年後にはもういないかもしれない経営陣ではなく、10年後にいるであろう社員たちが、どのような会社になっていたいかを考えることはとても重要なことです。

そうして、策定された静鉄ストアの経営ビジョンは、「食を通じて、地域のみなさんの豊かな生活にお役立ちすること」です。

これは、単に食という事業だから食生活を豊かにすればよいということではなく、地域密着の食品スーパーマーケットを展開しているという現状がある以上、食という事業に関するさまざまな側面から、街を活性化し、街をにぎやかにし、地域のみなさんが、少しでも豊かな生活を過ごしていただけるようにするために、そしてそれぞれのお店が地域の核となって役立つことを目的に、事業展開している姿を掲げているものです。そもそも地域の活性化なくして私たちの発展はありません。

スーパーマーケットだけでなく、ほとんどの会社・組織は、地域の活性化なくしてはやっていけなくなるのですから、地域に役立つことの意識を持つことは大切です。

バランスドスコアカードの活用

大きなビジョンの実現に向けて、あるいは10年後になりたい姿を実現させていくうえで、重要な視点は４つあります。

この４つの視点は、「バランスドスコアカード」という考え方の戦略マップをつくるうえでも重要なものです。この４つの視点にそって中長期経営計画を組み立てていくことが、価値の連鎖をつくり出し、独自性を確立するためにとても重要となります。

簡単に重要なポイントのみ説明します。

１つ目は、財務の視点です。やはり、今後、盤石な経営を行っていくためには、財務の基盤が強くなければなりませんので、この点は外して考えることはできません。

ただし、財務の基盤強化はビジョンを達成するためのプロセス・手段であり、それそのものを目的化するのではいささか志が低すぎます。

どのような組織・会社も、継続的に事業発展していく課程においては、いろいろな予期せぬリスクに遭遇したり、競合環境が厳しくなったりして売上が落ちていくなどの変化が想定されます。それらのリスクを乗り越えていくには、財務の安全性を確保しておかなければなりませんが、そのためにも売上を一定の成長率で上げていかなければなりません。

なぜならば、対前年１００％のキープでさえなかなか難しい現状にもかかわらず、固定費は売上の変動に合わせて変えられないからです。つまり家賃や給与や人員を、そうは簡単に減らしたりできないし、むしろ上がっていく圧力のほうが高いということです。今後は人材の確保はますます困難になるし、質を担保することも難しくなります。

だからこそ、将来を見据えて人材の確保と教育を考えた計画を策定し、質を伴う成長を描いていくためにも、財務の視点は重要になります。

２つ目は、組織の視点です。これからの厳しい市場環境においては「チャレンジ精神」に溢れる組織づくりは欠くことのできない重要な要素となります。

そのために、企業が挑戦していかなければならないことは、たゆまぬ生産性の向上です。営業だけでなく支援部門も業務の効率化も図り、生産性を上げていかなければなりません。

このことは、現状のやり方を恐れずに変えていく勇気、すなわちチャレンジ精神なくして実現は困難です。

また、生産性を上げていくためには、機能的価値の安定的な提供、いわゆる、商品やサービス提供の標準化を進め、人によるサービスのバラツキをなくしていくことであり、これは当然のこととして必要となります。しかし、これだけではお客様の満足度も従業員のやる気も高まりませんから、同時に、情緒的価値向上の工夫が必要となります。

さらに、ソーシャルメディアやネットの普及で、お客様の要求や期待は、これまで私たちが経験したことのないほど絶えず高度化していくので、前例がないことにみんながチャレンジしていく組織の風土を築かなければなりません。

つまり、これまで他社や他組織がやっていなかったような新たな先進的な取り組み、すなわちイノベーションに挑戦し続けることも大変重要となります。

今後、スマートフォンやフェイスブックなどのＩＣＴ技術を取り込んで社内の情報共有を進めていくだけでなく、顧客とも経験価値を共有できるように挑戦していく必要があります。さらに、意思決定のスピードアップも重要な生産性の向上の要素です。

だからこそ、スタッフ一人ひとりへの権限の委譲を積極的に進めていくことが不可欠であり、従業員が自ら考え、自ら発言し、自ら行動し、時には失敗もし、自分のこととして自ら反省し、日々「挑戦」を続けるような企業風土の醸成が必要です。

そのような生産性の高い組織づくりには、コラボレーションの前提として、コツコツとチームワークに溢れた風土づくりを進めていくことがとても大切になります。このようなことは、口で言うのは簡単ですが、腰を据えて取り組んでも10年はかかると考えるべきです。

３つ目は人材の視点です。

マズローの欲求5段階説について前述しましたが、人をやる気にさせるためには簡単に言えば、次のように段階を追って人の「働きがい」を高める要因を変えていく必要があります。

まず、最低限暮らせるだけの「収入」がないと困ります。「休み」も欲しい。でも、週休２日で給料も世間並みに得ているからといって、危ない仕事でもいいとは思いません。

だから「休み」や「収入」が満たされると、次には働きやすい職場で働きたいとか、安定的にお客様のいる職場で働きたいとか思うようになります。

さらに言えば、誇りに思える会社で働きたいと思うようになります。しかし、どんな人気企業であっても辞めた人は沢山います。なぜでしょうか？　それは、お金への欲求よりも、もっと大切なものがあるからです。

自分の存在を周囲や社会に認めてもらいたい。自分はもっと能力を最大に発揮できるところで働きたい。もっと人間的に成長できる場で働きたい。こうした欲求のほうが強くなるからです。このような欲求を「自己実現の欲求」と言います。

私自身も、このような高いレベルの欲求を目指す人材が集う集団で、ずっと働きたいと思っています。

そのためにこそ、将来に向けての方向性を示す理念・ビジョン・価値観の共有・共感・共鳴は不可欠です。

このように考えて人材育成を着実に進めていくことで、結果として、それぞれが協力し合える風土づくりに不可欠なコラボレーション能力の向上が図られ、それによって、明るく、活き活きとした職場環境がつくられます。社員やスタッフ個人個人がやりがいを感じるとともに、自分の能力が最大限発揮でき、成長できると感じられるような明るく働きがいのある職場環境に生まれ変わるのです。

そしてこれにより生産性が高い組織が実現できます。

そのような人材の集団が創り出す組織として今後重要とされる要素は、個々が「What＝何を知っているか」ではなく、「Who knows What＝誰が何を知っているか」をみんなで共有でき、そのノウハウを互いに瞬時に、そして縦横無尽に活用し合えるようになることです。

このような情報の活用と共有が全員でできていくと、組織のコラボレーション能力は飛躍的に高まります。

すでにＬＩＮＥやフェイスブックなどを活用することで、このようなことは容易に可能となっています。

ちなみに、すでに社内・店内の全員だけでなくお客様ともＬＩＮＥで情報伝達・共有し、コラボレーション力を飛躍的に高め成果を上げている会社はいくつもあります。

戦略マップを描く

次には4つ目の視点としての「商品・サービスの視点」についてです。

これまで何度も説明してきましたが、高い組織的能力によってもたらされるコラボレーション能力こそが他社にない差別化の決め手となり、それこそが、たとえ同一商品の販売をする場合であっても、独自性の高い提案力やサービス品質の向上などにつながっていきます。

たとえば会社やお店ごとに強いこだわりをもった提案による独自性の高い商品を、地域のお客様の要望に合わせて投入したとしましょう。

その際、コミュニケーション溢れるサービスとともに提供することで、競合他社では得られない情緒的価値が感じられる接客や対応力を生み出します。結果として、価格競争に巻き込まれない絶対的価値が感じられるお店づくりができるようになります。

ちなみに、情緒的サービスを加えることで、同じ商品であっても、不思議なほどお客様は独自のものと認識してくださいます。

現実的には大半のお客様は他社との比較を頻繁に行っているわけではないし、自分独自の提案になっていれば、単純な価格の比較が容易にできなくなっていきます。

実際にこのような独自性を発揮している会社やお店はたくさんあります。

なぜこのような絶対的な顧客価値に裏打ちされた独自性が大切かと言えば、価格競争とは別の次元で仕事をすることで収益率を適正なレベルに上げていくことができるからです。そして適正な収益の確保は、会社やお店の強い事業基盤づくりには不可欠です。こうして前に説明した財務の視点に再び連鎖していき、収益を社会にも還元できる体制となっていくのです。

したがって、お客様からのより強固な信頼を得るためには、地域の清掃活動やボランティア活動など、多くの会社がすでに実施し、継続している地道な社会貢献活動も積極的に進め、地域から信頼され確たる存在感のある企業になっていくことを目指していかなければなりません。

これらそれぞれの施策は、財務の視点、組織の視点（コラボレーションの視点）、人材の視点（ESの視点）、そして商品サービスの視点（CSの視点）のどこかに連なるものでなければなりません。

それぞれの重要成功要因のつながりによって生み出される価値は、さらなる価値の連鎖を生み出します。

それにより、各社、各店が地域において信頼を得て、さらに、また自店のファンが増えることで集客にもつながり、会社や組織が永続的に繁盛する、という好循環のビジネスモデルを創り出していけるように将来の道筋を描いていかなければなりません。

今後は、このようなビジョンを構想できる力の差こそが、企業の競争力の差に直結していきます。

このようなビジョン・戦略・実行の連携を考える手法として、よく使われている考え方が「バランスドスコアカード（Balanced Score Card）」と言われるもので、4つの視点の各項目のつながり（これこそがビジネスモデルそのものです）を戦略マップといいます。

この戦略マップが描けない、あるいは明確に説明できない、すなわち達成の道筋が見えない中長期ビジョンならば、永遠に絵に描いた餅になってしまうでしょう。

第6章　自立と自律に向けたマネジメント力強化のために

会社は言われたことだけやる社員の集団でいいのか？

みなさんの会社や組織が今後生き残るためには、どのような道を選択すべきなのでしょうか？いずれの道を選択するにせよ、その基本中の基本は、「考え方と働き方は柔軟に、しなやかに変え続けなければならない」ということです。

私は、みなさんの会社やお店が「地域で最も信頼され、選ばれる」ためには、めまぐるしく変わる市場環境の変化に合わせて、社長だけでなく、社員一人ひとりが商人としてどうあるべきか常に考え方と働き方を柔軟に変えていかなければならないのではないかと思っています。

私は、レストランチェーンの社長になって以来、おぼろげながらでも追求し続けたモデルがありました。

その概念をなかなかうまく社員に説明できなかったのですが、ある時それを明快な言葉にした考え方に出会いました。それこそが「A Great Place to Work」という概念です。

このことをずっと、本書で書いてきているのですが、「Great」な職場づくりが進むことによってこそ地域で信頼され、選ばれ、生き残ることが可能になります。

そのために最も重要なことは、社長だけでなく全員が、「Great」な職場をつくるという高い志を抱き続ける集団となるのです。

企業の規模や親会社・子会社などは関係なく、「Great」な職場をつくるということは、簡単に言えば、言われたことだけやる社員の集団を目指すことではなく、互いにコラボレーションでき切磋琢磨できるプロの社員の集団であらねばならないということです。

しかし、このような最高水準の組織づくりは、一足飛びには実現できません。少なくとも5年や10年はかかります。あるいは、「Great」な職場づくりに終わりはないかもしれません。けれども、こちらの都合とは関係なくマーケットは縮小していくし、競争環境が厳しくなることも確実です。

だからこそ、楽なことではないですが、強い「Great」な組織づくりを追求し続けなければならないのです。それは何より働くみなさん一人ひとりが、毎日やりがいを持って過ごせるようになるためだからです。

そのためには一人ひとりの考え方と働き方をもっともっとしなやかに変えていかなければなりません。

大半の会社、特に中小企業は量では、大手にはかなわなくても質の良さではどこにも負けたくないと思っています。そのためには、自分も含めて社員やパートなどのスタッフ一人ひとりの夢が叶えられるような会社にしていかなければなりません。

社員が言われたことしかやらない人の集団になってしまったり、画一的な店ばかりになってしまったりしていたのでは、会社の独自性を発揮することができなくなり、結果として生き残りは難しくなります。

大手とは違い、大半の中小企業にとっては、個人経営の良い要素は残していけるよう、しなやかな経営形態を維持することは、今以上に大切になります。

「商売をやっていて儲かったら楽しいだろう」と思い達成感を維持することは従業員個人にとってとても重要なことであり、儲けを追求することは企業にとっても重要ですが、それは目的ではなくあくまで手段でなければなりません。

なぜならば、儲けることそのものが組織の目的になってしまった会社が、あるべき方向性を見失い、倒産してしまった事例は、歴史上数えきれないからです。

では何のために儲けなければならないのでしょうか？

その目的は一人ひとりが物心ともに豊かになるためであり、組織が繁栄することで地域のみなさんの安心安全、そして豊かさにつながるからです。

「商人たるべし」という言葉は社長・店主だけに求められるものではありません。自立した商人の集団のように、全員が自立して行動し、自分の夢を実現させていく。それによって毎日を充実して過ごせるようにするために、本気で腰を据えて、「A Great Place to Work」の実現に向けて変革することが求められるのです。

私が学生や、社会人になりたてだった頃に比べれば、業界を取り巻く環境はまったく変わりました。しかしながら、そんな大きな状況の変化が起こっているにもかかわらず、多くの方たちの思考回路は相変わらず昔のままで驚かされます。

コンプライアンス違反すれすれを狙わなければ契約が取れないとか、社員に社会保険や雇用保険を適用したら成り立たないのだ、というようなことを平然と言っている会社はたくさんあります。

しかし、視点を変えれば、変われない人たちが多い業界だからこそ、マネジメント力が高い会社にとってはチャンスが大きく広がるのです。

グローバル化やネットの広がりはどんどん進み、お客様もどんどん移動し、視野が広くなり、考え方も昔に比べれば豊かになっています。

裏を返せば、日常生活で充実感＝成長を感じることのできる人生、あるいはそういう生き方を求めるような人たちが確実に増えているのだと思います。

みなさんのお客様も同様です。ですから、売り手の都合を優先するのではなく、そういう人たちの具体的な要求・期待をきちんと把握し、対応し、より良い、より安心できるライフスタイルを提案するという当たり前のことをきちんとやっていくことこそが、大きなチャンスになります。

組織のマネジメント力強化のために

部下が上司を超えないような会社に将来はないということは言うまでもありませんが、そのためにはどうしたらよいのでしょうか？　「当たり前だけどとても大切なこと」をコツコツ実践することです。

「凡事徹底」と言いますが、一つひとつはそんなに難しいことではなくても、継続的な意識付けをしていかないとなかなかできないことはたくさんあります。

特に重要なことは、組織全員がお客様にも、スタッフ同士にも「May I help you?」と言える「利他主義」の実践を定着させることです。

社員も派遣スタッフたちも専門職のロボットではありません。しかし、だからといってすべての業務ができなければならないということでもありません。実際の仕事は専門的なことをやっていたとしても、気持ちが「私は事務専門、私はＩＴ専門のスタッフだからそれ以外のことは関係ありません」では困ります。自分たちが毎日気持ちよく過ごせるためにこそ、専門外のことでも、いろいろな形で困っている人を助け合えるチームづくりが重要となります。

レストランやスーパーマーケットでは、完全な多能工化を目指している会社もありますが、現実的には、どこもある程度は分野別の専門家集団になっています。でも互いの仕事をよく見直してみると、誰でもサポートできることはたくさんあります。

だからこそ、自分の損得ばかり考えず、互いに利他の精神を持つようにすれば、おのずから他者のことを助けようという気持ちになり、結果として組織内の一人ひとりの仕事は確実に楽になり、生産性も著しく向上します。

そのようなことを少しずつ継続して進めていくと、みんなが組織全体のことを見据えて仕事ができるようになるので、それぞれの会社で、社長の代わりを担う人材が必ず育ちます。そうなれば、社長がいない時に、役員・幹部だけでなく全員が社長の代わりを務め、互いにほかのスタッフに指示できるような会社やお店になります。

実際に私は、２００５年の10月23日に高速道路から15メートル転落し、３カ月間会社を不在にしました。その間の社員たちの団結力は凄まじく、ＣＳもＥＳも業績も急上昇したのです。

このようなチームづくりは、一人ひとりが自立と自律の意識を持つこと、そして権限の委譲を行っていくことでしか成しえません。わかりやすくたとえると、細々と社長が指示をしなくても、サッカーのように自発的に動くチームづくりです。

サッカーの試合では、野球のように監督が選手にいちいち指示を出しているわけではありませんし、指示を待っている選手もいません。選手一人ひとりが一丸となって最適な方法を考えてゴールを目指しています。具体的なイメージとしてはこれが一番わかりやすい生産性の高い組織の姿です。

大企業ならば野球のような指示命令系統も必要かもしれませんが、中小規模の会社ならばサッカー型でマネジメントできるはずです。

では、それを実現させるための教育は、いったいどうあるべきでしょうか。私も同様に悩んでいましたが、レストランチェーンの時もスーパーマーケットの社長の時も就任以来「本当に強い会社になるためには、トップダウンオンリーではなくて、トップからボトムまでが一丸となって、かつボトムアップ、すなわち新しいことを生み出すパワーが現場からわき上がるような会社にしたい」という思いを持ち、社内に言い続けてきました。

大会社でも、実際の現場では、第一線の従業員が自由に意見を言い合いながら、会社の中心になってやっていけるような風土にしていかないと、間違いなく不正も起こり、業績もじり貧になっていきます。

このようなこと、つまり一人ひとりが自分で考え、行動し、反省し、成長するという流れ＝成長の4原則こそを大切にしていくことで、全員精鋭の会社になっていきます。

そのためには、社長・幹部は、自分の時間の多くを、部下である社員やパート・アルバイト・派遣スタッフの話を聴くこと、すなわち対話に割いていただきたいと思います。意思疎通が完全に取れて、みんなが「自分のチームだ」と思えるようになるまで、全員でコミュニケーションを取っていかなければならないのです。

そもそも、人は他人の理屈では動きません。そして聴いてくれるオーラを出している人にしか話をしてくれません。

ここのところを忘れてはいけません。

成功の反対は失敗ではなく、失敗を恐れ挑戦しないこと

会社がコラボレーション能力を高めるためには、社員・パート、アルバイト、派遣スタッフが全員で互いにコミュニケーションを取っていかなければいけません。

これは大企業のための話ばかりではありません。規模の小さい会社ほど、全員で経営や店舗運営を考えていくことができるというメリットがあります。できるだけ多くのメンバーが参加して、

CS向上委員会や経営品質会議などのチーム活動を継続的かつ定期的にやっていくことです。そのような会社はいくつもあります。

こうした活動こそが会社を前にドライブしていく強力なエンジンになります。どうやったら信頼される会社やお店はつくられるのか、どうしたらもっとお客様に喜ばれ、売上は上がるのか、どうやったら生産性は高まるのか？　など、社長・幹部だけでなく、常に会社の理念や方針と一貫性を持たせて、みんなが自分の言葉でもっと話し合う必要があります。

その際、特に重要なことは、広い視野ということです。私は事業会社の経営者という立場から、コンサルティング会社の社長に立場が変わりました。それにより全国各地で講演をさせていただく機会も増え、各地のすばらしい会社の経営者と話す機会が格段に増えました。すると世の中には上には上がきりなくあるのだということが本当によくわかります。

そのようなすばらしい会社のみなさんは、自分と違う考え方や見方があるのだということを、真正面から受け入れ、それをわかったうえで、自社独自のあり方を真剣に考えています。

優れた会社の独自性は、それぞれの会社で自ら編み出され、進化させてきたものだということが、外部の視点から見ると本当によくわかります。

いろいろ話し合ったことは、実行して初めて意味が出ることも多くあります。ここが大切です。一番ダメなのは、失敗を恐れて何も行動をしないことです。行動せずに失敗しない人（会社）と、行動してたくさん失敗を経験した人（会社）のどちらが伸びるかというと、間違いなく後者です。

女子サッカーのなでしこジャパンは、ワールドカップや２０１４年のアジアカップで優勝しましたが、佐々木則夫監督は講演などで「成功の反対は失敗ではない。失敗を恐れ挑戦しないことだ」と言っています。

一人ひとりが自分で考え、行動し（失敗し）、反省し、成長するという成長の4原則のことを前述しましたが、この原則を大切にしていくことこそが、全員精鋭の会社、強い会社になっていく絶対条件なのです。

「メーカーの販売代理店」から「顧客のための購買代理店」への変革

さて、全員精鋭の会社づくりに向けては、ビジョン・理念に対する共有、共感、共鳴、共振が、基本中の基本となります。

しかし、私の知る限り、まだまだ会社の経営理念や大切にしている価値観を理解し、全員がそれを実践できている会社や組織が多くあるとはとても思えません。

会社の理念や、目指すべき姿を、一人ひとりが実践できるようになるには、まずは一人ひとりが納得し、共感し、周囲の仲間と理念ビジョンについての対話（ダイアログ）の機会をたくさんつくっていくしかありません。

前述した米国のMB賞を2度受賞しているリッツ・カールトンホテルは30年も継続して、価値観の共有、共感、共鳴、共振を実践し、世界で最も優れた仕組みを有しています。

一方、私が社長をやったレストランチェーンやスーパーマーケットでも、多くの読者のみなさんの会社でも、朝礼やミーティングで、理念についての話し合いやスピーチを行っていると思いますが、価値観の共有・共感・共鳴・共振に向けては、その朝礼のような毎日の積み重ねが重要です。

そもそも、毎日の朝礼やミーティングも適当にやって、理念の共有・共感という大切なことをおろそかにしているような会社やお店が「最も信頼され、選ばれる会社や店」になれるはずがありません。

私自身のスーパーマーケットとレストランチェーンでの経験からは、朝礼をまともにやろうとしない店長のお店は、概してコミュニケーションは悪く、結果としてスタッフが活き活きと働いていませんでした。

私がレストランチェーンの社長になったばかりの頃、一番強く感じたのはこの点で、幹部でさえ、時間の無駄だから朝礼を止めさせたいと私に何度も言ってきたほどです。その店ではとんでもない不祥事が多発し、辞める社員も多く、いろいろなトラブルが続発していました。

結局、理念の実践より、朝の品出しや仕込みのほうが重要なので、開店してもお客様が周囲にいることさえ気づかず、クレームが多発します。

そして日々何も積み重ねていないので、状況が一向に良くなる気配を見せませんでした。何年経ってもメンバーの考えが変わっていかないので、チームワークや風土が良くなるはずがないのです。

また、朝礼をやっていても、出てこない人が多いという拠点もあります。これは、出てこない人たちに対して、会社や店の方向性を確認せず、ただロボットのように働けと言っているのと同じことです。

それで良いと思われている従業員たちも「自分は単なる作業ロボット」扱いをされていると気づかなければなりません。朝、仕込みや品出しが間に合わないのなら、改めて時間を変えて、タイミングを見て集まれる人だけで朝礼やミーティングをやる必要があります。

私の会社のある店では、メンバーが揃うたびに毎日7回も朝礼をやっていました。そういう店の数字は確実に着々と上がっていきました。

これまで何回も書いてきましたが、私の一番好きな言葉に「三方良し」という言葉があります。「売り手良し、買い手良し、世間良し」です。ダメになっていく会社やお店はこのどれかが崩れて、倒産しています。

この三者が共存していなければならないのに、売り手が自分の都合をお客様に押しつけるから、つぶれていくわけです。朝礼をきちんとやらない店は必ずと言ってよいほど、このバランスが崩れていきます。

ちなみに、保険業界などでは、業法改正によって金融庁は代理店の保護をしようとしてはいません。むしろお客様の要求や期待にそった提案や対応ができない会社には撤退してもらうという方向性が明確に出されています。確実に、お客様に、売り手の都合を一方的に押しつけるような営業はできなくなります。一言で言えば、「メーカーや保険会社のための販売代理店」ではなく、

「お客様のための購買代理店」に変わらなければならないということです。

さらに、可能性のある人は、年齢、性別、宗教などに関係なく誰でも活躍できるようにすべきです。やる気があって、ビジョンが明確で、それに向けて実践・行動し、実績が上がる仕組みとチームをつくれる人ならば、早くして社長になることもできます。スモールビジネスならばこそ、市場全体の変動の影響は受けにくいので、勝ち組になることができます。

全員精鋭のチームづくりには、オペレーションばかりではなく、マネジメント力や人間力も少しずつ磨き上げていける環境が重要となります。互いに長所を伸ばし、互いに期待され、互いに笑顔で言葉をかけ合える、こういう風土が必要だと思います。

このようなことの積み重ねこそが「お客様のための購買代理店」、そして「A Great Place to Work」へ通ずる王道なのです。

経営者に求められる戦略的思考

市場が拡大してきたこれまでなら、どのような会社も業績をある程度伸ばすことができましたが、これからは、独自の戦略を考えることがとても大切になります。

良い戦略は、それぞれの部署や人員など各組織を縦横無尽に活用するようになっています。これは将棋にたとえると一番わかりやすいと思います。各部署、各店、各支店、各代理店は将棋の駒のようなものです。

各店、各部門はすべて同じ機能を持つオセロの駒ではありません。チェスも近いですが、チェスは取った駒を再活用できないので、取られた駒が敵陣営に行ってしまう将棋のほうが世の中のビジネスモデルに近いと思います。

近代将棋の駒は、歩、香車、桂馬、銀将、金将、角、飛車それぞれに分かれます。それぞれの機能と性格を整理してみると次のようになります。


「歩」型の組織＝周囲を見る余裕はなく、目の前に見える仕事はコツコツとやる。ずっとコツコツやるといつか周囲が見えてきて、「と金」になることがある。先や周囲が見えないままだと一番初めに敵にやられる

「香車」型の組織＝ある特定のことにこだわり、脇目も振らずに前に一直線に走る。周囲が見えてくると金になる

「桂馬」型の組織＝今までと違うことに興味を持ち、ポンと別のことにトライする、周囲が見えてくると「金」になる

「金」・「銀」型の組織＝前後左右を見る余裕があり、多方面のことにトライできるが、目の前の

ことをコツコツとこなしており、先を見る余裕はないか、慎重に動く「飛車」・「角」型組織＝前後左右・多方面のことを、先を見据えてスピーディーに実行できる

戦略の要諦は、これらの駒を縦横無尽に活用してマーケットシェアを奪取することにあります。戦略的思考能力の高いリーダーや黒田官兵衛のような参謀とも言うべき幹部がいる会社は、それぞれの駒の活かし方が明確で、かつ「死に駒」はありません。

「歩」型の組織に対して、いきなり飛車角のような動きを押しつけてもメリットはありません。たまたま過去の販売実績が大きいため、金銀飛車角並の扱いがされている組織や部門あるいは子会社がありますが、能力を見極めれば、実際は歩のように動き方しかできない組織もあります。

一方、販売実績が今は小さくとも、桂馬や金銀のように周囲のことを見る余裕や別のことにトライする意欲があり、いずれ飛車角になれる素養を持った組織もたくさんあります。

それゆえ、販売実績の大小で惑わされず、組織の能力に合わせて、重点施策を明確にして、短期および中期的に何をさせるか、そしてその組織に求める能力を明確にしていかなければなりません。ただし、機能別の組織化を推進すると、隣の部門が何をやっているかもわからなくなり、1＋1が2にもならなくなる恐れがありますので、担当者同士の横のコミュニケーションは不可欠となります。

コラボレーションできるようになるためには、コミュニケーションを各機能別担当同士が共有

し、全体最適の動きを考えて各駒に役割分担をする必要があります。

売上実績で部門を表彰したり、競わせたりすることもよいですが、実績にかかわらず、機能別の強みを活かすための関係性を強化していくことが、もっと大切です。

このようなことができれば、縦横無尽に組織と経営資源を活用できるようになります。戦略的思考や目的意識がなく、ただ本部から言われたことを金太郎飴のように組織に伝えるだけのヒエラルキーの会社では、組織的な能力は高まりません。幹部が社長や部門長の言いなりになって参謀としての役割を果たせないのであればこれも問題で、あたかも日露戦争時の旅順での乃木第三軍のようないつまでも成果が出ない、閉塞的な状況となります。

結局、このようなマネジメントスタイルでは本社の都合を一方的に各組織に押しつけることになり、社員にも物理的・精神的に余分な負担を要し、結局仕事も楽しくなくなってしまいます。「私は言われたことだけやっていれば良い」と思ってしまう社員が増えたり、これはおかしいという思いが鬱積して、心の病気になってしまったりする人も出かねません。

これでは、支店や各部門の業績もなかなか上がらないし、結果として会社の業績も上がらないという悪循環になります。

一方、マーケットが縮小していく中では、マーケットに合わせて組織を縦横無尽に活用し、各部門がコラボレーション能力を発揮して全社戦略が実行されるべきであり、前述の通り本部の意向を金太郎飴のように各組織に展開させるべきものではありません。

このように各組織の強み＝機能としての能力を最大限活用することに着目した戦略的思考の重

要性はますます高まるでしょうし、これは社員からも期待されていることです。

私は「乃木と東郷」というテーマで戦略的思考を高める研修をやることがありますが、乃木将軍率いる日本陸軍第三軍の旅順における戦い方と、同時期の東郷司令長官による連合艦隊の日本海大海戦の戦い方に、どれほどの戦略的思考の差があるのか調べてみるとおもしろいことに気づかされます。経営品質のアセスメント基準に当てはめながら考えていただければと思います。ぜひ、『坂の上の雲』などを読むか、映画のＤＶＤを見るなりして、一度確認してみてください。

さて、第二次大戦時の大本営にも優秀な方たちはたくさんいました。同じように大企業や親会社の本部にも優秀な方たちはたくさんいます。しかし、大本営や本部が、顧客の要求・期待をきちんと把握し、先を見据えた戦略を正しく、現場のモチベーションを保ちつつ第一線に展開できなければ戦いには負けてしまうということは、私たち日本人なら誰でも知っています。

戦略を硬直的ではなく、いかに現場で柔軟に展開できるかどうかによって各社の差が少しずつ広がり、やがて大きな力の差になって現れるのです。

「命じる」から「委ねる」へ

２０１４年、書店のベストセラー書籍が置いてある場所に、『米海軍で屈指の潜水艦艦長による「最強組織」の作り方』（東洋経済新報社　Ｌ・デビッド・マルケ著）という本が積まれていました。この本に書かれていることをテーマに少し考えてみます。

この本を読んで、正直私が一番驚いたことは、基本的には今まで私が社内で言い続けたり、本に書き続けたりしたこととほとんど同じことが書かれていたことです。

さらに、変革の過程も、私がJ・アート・レストランシステムズの社長として会社を建て直していった時の数年間と、ほとんど本質的に同じことを繰り返しています。つまり、組織風土の変革というものは海軍も会社も同じだと言うことです。

これはある程度想定できていたことではありますが、具体的な軍隊の組織変革の様子が生々しく書かれているものに初めて出会うことができました。

私はこれまで数え切れないほどの人や多くの経営者、さらにいろいろな会社のみなさんに「権限の委譲」という話をさせていただいています。最近はそれほどでもありませんが、5年前くらいまでは、どの研修会場でも「トップダウンや命令がなぜ悪い」「リーダーが一つひとつの指示をしてなぜ悪い」「いちいち社員の言うことなんか聴いていたら、ろくに仕事もできないやつが喜ぶだけだ」というような意見が、研修後の質疑応答の際に出されたり、アンケートに書かれたりしていたものです。

ところが、この本を読んでいて驚いたというか、やはりそうだったかと確認できることがありました。

それは、今や軍隊でさえ「最強組織」をつくれるリーダーは、「命じる」から「委ねる」へというスタイルに変わっているということです。

本書には屈指のリーダーとして、米国海軍第七艦隊所属の原子力潜水艦サンタフェ号のL・デビッド・マルケという艦長が、どうやって無気力な集団、そして言われたことしかやらない部下たちを変えていったのかが書かれています。

相変わらず「命じる」ことしかできない、あるいはわかっていても「命じざるを得ない」会社の幹部のみなさんにとって、一度お読みいただけると参考になることも多いと思いますが、組織を変革するということは、とにかく時間がかかるものです。そして失敗もたくさん経験するでしょう。

しかし、変革を成し遂げたリーダーたちは時間をかけることも、失敗を繰り返すことも厭わず挑戦を繰り返しています。成功の反対は「失敗ではなく、失敗を恐れて挑戦をしないことだ」ということをわかっているからです。

それでは、この本の『はじめに〜「命じる」から「委ねる」へ〜』のところを紹介します。

近年、アメリカ人の労働意欲が低下し、生産性に膨大な損失を与えている。会社に貢献する気持ちも、仕事に対する思い入れややりがいも失った社員は、組織の利益を蝕み、同僚のやる気を削ぐ。確かに利益の損失も膨大だが、私の感覚としては、彼らが失った喜びや幸福感の喪失の大きさは、その比ではないと思う。

一方、経営者や幹部は、社員の情熱や責任意識の欠如に困惑している。

やる気を鼓舞するつもりで決断を委ねても、言われたことをやるだけの立場を心地よいと感じている社員の方が多いと思い知らされる。権限を委譲する試みに取り組んでも、長続きしない。……みな上司から仕事の指示をもらえるものだと思っている。

雇うものと雇われるものの両方がこのような状態にある原因はただ一つ。痛ましいほど時代遅れなリーダーシップのあり方が問題なのだ。

……海軍、そしてほとんどの組織におけるリーダーシップは、人を支配することがすべてだったのだ。……エジプトのピラミッドも、産業革命時代の工場も、すべてこのリーダーシップ構造が可能にした。リーダーが部下に命ずるというやり方があまりにも大きな成功をもたらし続けてきたからこそ、それは私たちの目にも魅力的に映り、やめることができないのだろう。

しかし、このモデルが発達したのは、主な仕事が肉体労働だった時代なので、物理的な作業を効率よく行わせることに主眼が置かれている。奴隷の漕ぐガレー船ならそれでも問題はないが、原子力潜水艦を動かすとなれば、想像力と自発性がすべてとなる。(引用)

この前文だけでも、昨今どこの会社にも当てはまるのではないかと思えて仕方がありません。この本には原子力潜水艦での具体的な変革の道筋が描かれていますが、私は、これはまさに多く会社の現場のことを書いているのかとさえ思ったほどです。

そして、企業のみならず、軍隊でさえこのような変革を遂げているということを知り、大きな勇気がわいてきました。

この本を読み進めると、潜水艦の変革を企業や病院などの経営に当てはめる場合、どういう風にすれば良いのだろうかと思うはずです。

しかし、その手順を知ることはそれほど難しいことではありません。だれでもが入手できる日本経営品質賞のアセスメント基準書に要求されていることを、コツコツと実践すれば良いだけです。

私がトライしたことと酷似していると前述しましたが、なぜかというと潜水艦での変革はまさしく経営品質向上プロセスそのものだからです。

私はもう16年以上、永続的な卓越した業績が上げられる組織風土づくりにむけての仕組みづくりを、経営品質向上プログラムという形を通じて、自社やクライアント先で進めてきましたが、今回この本に出会って、これまでの取り組みにますます自信を持つことができました。

「最強組織」をつくれるリーダー

ここで、「命じる型」のリーダーと「委ねる型」のリーダーの違いを整理してみたいと思います。私はこれまで16年間で4社の社長をやってきましたが、赴任当初は必ずと言ってよいほど「命じる型」の幹部によって猛烈な抵抗を受けてきました。

私の経営スタイルは基本的に当初からずっと「委ねる型」＝権限の委譲をベースとしています。なぜならばその方が自分も楽だし、働く部下たちもやりがいを感じるからです。

ところが世の中には、権限の委譲をすると部下たちは遊んでばかりで仕事をしなくなると信じているリーダーや幹部もたくさんいます。たぶんご自身がそのような経験しかしたことがないのだと思います。

実際は何年か一緒に仕事するうちに、そのような抵抗勢力も少しずつ変わっていきましたが。

それでは原子力潜水艦のマルケ艦長がやったことと、やらなかったことを対比させて説明していきましょう。

まず、〈マルケ艦長がやらなかったこと〉を列挙します。

- 命じるリーダーシップ
- 権限を握る
- 命令する
- 命令する時は、自信を持って絶対だと明言する
- やるべきことを説明する
- 会議をたくさんする
- 上官が部下を指導する機会を設ける
- 技術を重視する
- 目の前のことばかり考える
- 自分がいなくなったら困ると思われる存在を目指す

- 訓練の質より回数を重視する
- 正式な命令以外の言葉を交わさない
- つねに部下に疑いを持つ
- 手順や工程の効率改善にばかり注力する
- 監視や検査を増やす
- 情報を公開しない

いかがでしょうか？　改革に抵抗する人たちが100％共通して、良かれと思ってやっていることです。洋の東西を問わず、軍隊、レストラン、スーパーマーケット、保険代理店、自動車ディーラーなど、業種の違いに関わらず同じです。

成果は上がらず、部下を育てることもできず、結果として中長期的に組織を弱体化させるリーダーの最も好むことばかりです。

さらに、それが組織を悪い方向に導いていると思っていないからより厄介なわけです。

艦長曰く、「このような痛ましいくらい時代遅れのリーダーの、最も典型的な事象は会議の多さです。会議をやって部下たちの動きをチェックすることが仕事だと勘違いしているのです。そこからしか、自分の存在感を組織において発揮できないのです」

これでは、部下たちにとってはいい迷惑ですし、社長としても、このような幹部がいたのでは会社を経営していくうえでも本当に困ります。

一方、大きな成果を上げ続けた〈マルケ艦長式マネジメント〉は次の通りです。

- 委ねるリーダーシップ
- 権限を与える
- 命令を極力避ける
- 命令する時は部下が異を唱えることのできる余地を残す
- やるべきことを確認する
- 会議ではなく部下たちと日常会話をする
- 上司と部下が一緒に学び合う機会を設ける
- 人を重視する
- 長い目で考える
- 自分がいなくなっても困らない存在を目指す
- 訓練の回数より質を重視する
- 命令以外でも会話を通じて情報交換をする
- 常に部下に好奇心を持つ
- 意味のない形式的な手順や工程をすべて排除する
- 監視や検査を減らす
- 情報を公開する

私も実際、これとほぼ同様のリーダーシップスタイルに挑戦し続けました。なぜかというと、長期入院し、部下に「委ねる」ことから得られたパワーのすごさを、身をもって体験していたからでした。

しかし、おそらく「命じる型」が染みついている人たちは、この本を読んでも「俺はこんなこと信じない」と言って、耳を傾けようとはしないと思います。人間簡単には変われないものだからです。そして必ずと言っていいほど権力に執着するのです。

財物は流れる水の如く 人の正しさは秤の如し

過日、私のクライアントでもあり、本書の巻末でもご紹介している北九州の有力保険代理店であるトップ保険サービスの野嶋康敬社長と、あの伝説の美容室バグジーの久保華図八社長と、飲食をともにする機会がありました。

久保さんの経営は一貫して、「利より信」であり、これは野嶋さんも私も互いに共感し共鳴していることです。

言葉を換えれば、久保さんの経営は「人として正しいことを正しくやる」ということにつきます。これを突き詰めていけば必ず利益はついてくると信じていますし、事実それを実践し、「A Great Place to Work」といえる職場を実現しています。

その経営スタイルにおいて、具体的な行動は、まさしく『「命じる」から「委ねる」へ』です。久保さんとはもう8年ほど前、名古屋で顧客価値経営についてのセミナーを一緒にやらせていただいてからの付き合いになります。

ちょうど私が高速道路の上から15メートル転落し、九死に一生を得て舞い戻ってきた後にお会いしたわけですが、私が入院のため否応なく『「命じる」から「委ねる」へ』を実践せざるを得ず、その結果、事業活動の成果が出るということを実感した時だったので、久保さんの考えにそのまま共感・共鳴できたわけです。

さて、風土改革を進める時には、社長の前で言っていることとやっていることがまるで違うというような幹部の抵抗はよくあることです。こんな時に韓国の時代劇は参考になります。

中でも『金萬徳』と『商道』という李氏朝鮮時代の豪商のドラマはとても勉強になり、勇気をもらいました。最近の日本には、ビジネスもので50~100話というような長編ドラマはほとんどありません。

『商道』というドラマの最終回に、主人公のイム・サンオクという豪商が「財上平如水 人中直似衡」と言います。

イムが話していた内容は「財物は流れる水のごとく、人の正しさは秤の如し」ということです。その意味は、お金や財物は水のようなもので、一時は手に取れたように思えても、手の内にとどめることはできません。無理にとどめようとすると水は腐ってしまいます。財物も同じです。手に入れた財物はほんの少しの間とどまるだけであり、死んであの世に持って行くことができるわけでもありません。そもそも、私たち人間は、生まれた時は何も持っていません。だから、たとえ、名誉を得ても、絹の服を着ても、トップの会社として世間から評価されようと、会社が存続できなかったり、自分も社長を引退したり、すなわち、その服を脱いだりしてしまえば、みなただの人にすぎません、というものです。

そもそも水は低きにしか流れません。財産も無理に自分の懐にとどめるのではなく、自然の摂理通り、低いところへ流してやらなければ腐ってしまいます。だからこそ、会社を良くしようと考える従業員や支えていただいているお客様、ビジネスパートナー、そして地域社会のためにこそもっとお金やエネルギーを使っていかなければならないのです。

商道において資本は人です。そして、商売の基本は、資本を元手にテコのように何倍にも発展させ、社会の役に立つことです。

特に会社というものはその資本が人なのですから、発展させていくためには、「利より信」「信なくば立たず」は当たり前のことなのです。

それにもかかわらず、メーカーと販売会社、親会社と子会社、社長と社員、あるいはスタッフ同士の利害のぶつかり合いで、毎日エネルギーを消耗している組織が全国にたくさんあります。

大企業も中小企業も、この商売・経営の基本に立ち返ることが必要な時期に来ているなと、DVDを見ていてつくづく感じた次第です。

PDCAのPから参画する

戦略・中期計画・単年度計画などを作成する際、あれも、これも計画に入れたくなるものです。「あれもやりたい」、「これもやりたい」のは誰しも同じですが、残念ながらどの会社も、人、モノ、金、時間には限りがあります。それだけに、1つの力で5つのことをやろうとする場合と、1つの力で1つを着実にやるのでは、どちらが確実な成果が得られるかというと、後者、すなわち1つの力で1つのことを確実にやる会社です。

少なくとも四半期あるいは半期の、比較的短期の戦略・計画を策定する際に大切なことは、重点施策を絞り込むことです。

その際、自社の主要顧客セグメントの要求・期待や、重点商品カテゴリーの他社動向を把握して、マーケットの動きを予測することがとても重要となります。しかし本当に大切なことは、予測した事態に効果的な手を打てるかどうかです。

主要な顧客の動向に関するデータを的確に分析することができれば「的確な予測」ができます。昨今は大企業ならばどこも、あるいはメーカーであれば、販売会社などにこのようなデータの分析ツールが提供されているはずで、以前よりもかなり簡単にある程度の状況はつかむことができるようになっていると思いますから、活用しない手はありません。

しかし、多くの会社では、このようなことを何も考えないばかりか、そもそも主要な顧客セグメントのデータを満足に把握してさえいません。そして当然、戦略そのものを何も検証していないのではないでしょうか？

これはどういうことかというと、要するに、このような先を読もうとしない、あるいは、まともな戦略が立てられない会社は将来に対しての具体的な「備え＝仮説」がないのではないかということです。

以前と比べて確実にマーケットが縮小する中で、どのような戦略で生き残りを考えていくのか、自社独自の戦略の方向性あるいは備え＝仮説を真剣に考えなければなりません。

もちろん将来に対する仮説を立てても、相当程度の確率でその仮説は外れます。私たちは人間であり、神様ではありませんから、先のことを完璧に予測することはできません。

でもこのような「外れる戦略や計画」であっても、策定してみて、実行してみて、結果を反省することこそが大切です。

とにかく戦略・計画を実行すれば、おのずと実績が出るので、検証が可能となります。

そうすれば、「なぜうまくいったのか」「なぜうまくいかなかったのか」を、一つひとつのプロセスにさかのぼって、お客様の視点、あるいはライバルから見た視点に合わせて考えることができるようになり、自らの反省が生まれます。

自分たちで考えたことならば、反省も人ごとではなくなり、新たな気づきが生まれ、次にトライすることが見えてきます。

さらに大切なことは、その反省から生み出された気づきを組織として学習し、より「効果的な手を打ってみる」ことができる点です。

多くの成果の出ない会社の共通点は、このような学習と反省のプロセスがないことと、一度やってみてダメだと、簡単に止めてしまうことです。

やったこと自体は良いことであって、やり方が悪かっただけかもしれないのです。このようなプロセスの検証と反省なしに、ただただ目の前のことを一生懸命やっていても、継続的に成績が上がるはずはありません。

組織的能力の向上のために、最も重要なことは「従業員の創発」を重要視することです。

成果の出る会社や、地域で最も質の高い会社を実現するのは「人」です。機械対機械で仕事をしているわけではありませんので、人のやる気がとても重要なわけです。

どうしたらやる気が高まるのか？　それは仕事を通じて成長を感じることができるかにつきます。具体的には、人の感情や、一対一の対応の場面で、提供できる情緒的サービス、人の機微です。そういうものがあって、お客様に感謝され、成長を感じ、仕事が楽しくなります。

そして、ＰＤＣＡのＰから参画するチャンスがあって、初めて仕事は他人事ではなく自分の事になります。自分の事になって、初めて反省し、人は成長できます。

だから、ぜひ社員一人ひとりが参画して、今の戦略・計画や、あるいは仕事のやり方を見直していただきたいと思います。

机上の空論で、ああだこうだ言ってもなにも始まりません。これまで、倒産したり、失敗したりした破綻企業の共通点は、だいたい次のようなパターンに集約されます。

社長の独断で物事が決められ、従業員にはＰＤＣＡのＤからやることを求めるため、従業員からすれば、戦略も計画も、もっと言えば仕事そのものが他人事であり、他人事だから反省もしません。反省しないから気づきも生まれず、成長しません。成長を感じないから仕事が面白くなくなります。この悪循環こそ、成果の出ない組織の典型的なパターンなのです。

一方、長い歴史を見ても、理念・目的に共有・共感し、それにそった戦略・計画づくりに現場を参画させ、実行の裁量を現場に権限委譲して倒産した会社など、ほとんどありません。

ＰＤＣＡのＰから全員が参画するというプロセスは、いずれ会社をドライブする高性能のエンジンになっていきます。

このことの重要性がわからない、あるいはわかっていても実行できない社長やリーダーの会社がどうなるかといえば、徐々に言われたことだけをやっている人たちの集団になり、成果も上がらず、同時にコンプライアンス違反や問題続出で業績向上どころではなくなります。

全員が経営者、あるいは社長代行ができる人々、すなわち、他人事ではなく、自分のこととして仕事する人たちの集団にあきらめずに変えていくことが重要なのです。

人に言われたことを聞いて、また、時には聞いたふりして、疑いもなく作業だけをする人はもういらない時代になりました。

リーダーにとって重要な仕事とは

従業員満足を高めようとすると、つい待遇や処遇に話が行きがちになります。しかしパートや派遣スタッフの雇用契約を変えたから、収益が上がるとか、新規契約が取れるようになる、あるいはチームワークが良くなるということはありません。したがって、働くみんなにとって、「Great」な職場がつくれるかどうかという本質に目を向けなければなりません。そこで、本項では社長やリーダーにとって重要な仕事とはなにかを考えてみたいと思います。

結論から言えば、「Great」な職場をつくるために必要なことは、常に、自分が何をすることが最適なのか、自分がやるべき仕事が全体から見てどういう位置づけなのかを一人ひとりに考えてもらうことです。雇用契約の形態にかかわらず、「これこそが自分の仕事の目的だ」「自分はこの店に貢献している」と一人ひとりが思えるように変えていくことに尽きます。

特に、社長の頑張りは当たり前のこととして、現場の第一線で頑張っている社員とそれを支える支援スタッフ、顧客対応スタッフ全員の活躍にすべてがかかっています。

いかに良い商品があっても、良い提案書を持たせても、現場に出ているみなさんのやる気が低ければ売れません。そして同時に全員精鋭であらねばなりません。

そのためにこそ、長期ビジョンや中期計画などには、このような全員精鋭の組織になる道筋が明確に描かれていなければなりません。誤解しないでいただきたいことは、何をどのくらい売るというのは販売目標であって、長期ビジョンでもなければ、中期計画でもないということです。そのためには、私は、2つのことのバランスを取ることがとても重要だと思っています。最も大事なことは教育（共育）です。社長や幹部だけでなく、会社では全員が教育担当です。これこそが一番大事な仕事です。

もう一つが利益責任です。利益は仕事の目的ではありませんが、利益が出なければ誰も幸福になれません。今日、多くのみなさんの会社が存続しているのは、利益を上げるよう先輩たちがつくったビジネスモデルがよくできていたからです。そのおかげで今、存在できているわけですが、だんだん今までのやり方が通用しなくなります。

したがって、今後はもっと仕事の質を高め、付加価値を生む仕事をしていかなければなりません。付加価値の低い、ただの作業ばかりに追われていたのでは利益は出せません。一人ひとりに付加価値の高い仕事をするという意識付けをしていかなければならないのです。

だからこそ、目先の数字ばかりに惑わされ、妥協したような安易な戦略でお茶を濁していてはいけないのです。

数値目標だけの計画では、結果をもたらすプロセスの質が高まらないために、結局、目的達成が遠回りになってしまいます。

これからの市場では、最も信頼され、最も選ばれる最高の店以外いらなくなるのは必然です。そのような高いイメージを持ったブランドをつくることのできる決め手は人しかないのです。

さらに、地元に根付いて、地元のお役に立ち、社会貢献するお店が、最高水準の仕事をしていかなければなりません。そして地域社会から選ばれるストーリーが描かれている設計図こそが長期ビジョンであり中期計画でなければなりません。

地域から愛されるためには、部下を大切にし、周囲の仲間を大切にし、地域のみなさんを大切にし、そしてお客様を大切にしていく組織風土づくりしかありません。

これが「地域で一番信頼され、選ばれる」ための基本中の基本となります。

このようなことを全員が考えて、失敗を繰り返しながらコツコツと続けることのできる会社にしか将来はないと思います。

後継者へのスムーズな引き継ぎこそ最も重要な仕事

私は4年間の任務を完了し、静鉄ストアの経営者を退任しました。これまで4社の社長をやっており、経営者を退任するのは3回目でしたが、過去2回は、業績は上げたものの、真の意味で社長職を全うできた感じに欠けていました。それは、後任社長が経営品質の考え方や、質を高めるための仕組みづくりを継続できず、結果として業績も悪化したりし、辞めた後もずっと、悩んだ社員たちから相談の電話やメールが止むことがなかったからです。辞めた後のほうがずっと気苦労の多い日々を過ごすほどでした。

社長をやったことのある人はみんな似たような悩みを抱えていると思います。

それは、いかに同じ理念を共有・共感できる人に次を託せるかということです。これができさえすれば経営者は安心して退くことができます。

後継社長が、「安心・安全・誠実なんて関係ない。とにかくたたき売ってでも、客をだましてでも売ってこい、前の社長のことは全部忘れてくれ」というようなことを言い始めたら、社員のみなさんは一気にやる気を失ったり、戸惑ったりするでしょう。そういう理由から、理念・ビジョンを共有・共感できる社長に後を継いでもらえることほど嬉しいことはないのです。

さて、静鉄ストアで私が会長となった一年間、同じ部屋で毎日机を並べて、毎日一緒にコーヒーを飲みながら、後任の竹田昭男社長とじっくりと理念を共有できました。

次に、その共有できた理念と方針を、竹田社長の承諾のもと、ご紹介します。

【安心、安全、健康、美味しい、楽しい】

――このために、次の3つの項目を実践していく。

〈チャレンジ精神とチームワークに溢れた企業風土をつくる〉

- お互いが皆、同じ目的方向を目指すよう、日々理念や価値観の共有・共感が図られていること
- 部門の見えない壁を取り払い、自由闊達に意見が言える雰囲気があること
- スタッフ社員にも責任ある仕事を任せ、皆が自発的に仕事に取組める雰囲気があること

・店や会社の目標設定にも各人が関与し、公平に処遇される仕組みを確実に定着させること
〈自ら考え、行動する、自己実現の人財育成〉
・皆が同じ思いを持ち、同じ方向に向かうために経営理念を理解し、共有・共感すること
・上司が部下を信頼し、責任ある仕事を任せること
・結果を恐れずチャレンジする行動に対して見守る姿勢を会社が持つこと
〈地域から信頼され選ばれるスーパーマーケット〉
・味、鮮度、価格（値頃感）、地域特性に合った品揃えが地域で一番であること
・商品情報の信頼性の高さや商品情報の正確さは地域で一番であること

これらはすべて、簡単にできることばかりではありません。10年後と言わずさらに将来も働き続ける社員たちの望みに応えていくために、現在からの着実な取り組みが必要であり、2代、3代と社長が代わっても変えてはいないことばかりです。

だから、社長にとって信頼できる後継者へのバトンタッチはもっとも重要な仕事となるわけですから、竹田社長に感謝しています。

そして朝からみんなで楽しく笑って仕事をスタートできる職場づくりが生産性の高い成果を出すためにも必要です。お客様も周囲の仲間も、誰だって笑顔が一番いいはずです。

さらに、本当の笑顔を出すためには、お客様からの「ありがとう」という言葉がもっとも効果的なものとなります。

そのためにはお客様に対して期待以上の、情緒的なサービスを提供することが必要となります。お客様が当たり前と思うレベルの基本的サービスの提供だけでは、「ありがとう」という言葉をいただくには不十分です。

期待以上の情緒的なサービスを提供できなければ、今後、飽和状態になっていく市場環境の中で他社に圧倒的な差はつけることができません。

そのちょっとした気づきを生み出すために経営者が大切にしなければならないことは「思いやり」に溢れる風土づくりです。「思いやり」は従業員同士の思いやりとお客様への思いやりです。

私も従業員たちも今日があるのはお客様のおかげです。お客様が支持してくれて、商品を買っていただけるから私たちが生きていけるわけです。

そして、地域のみなさんへの思いやり、社会貢献も忘れてはいけません。地域のみなさんなしに、私たちのお店は成り立たないのです。

そもそもこのようなことでさえ共有できない人には、絶対に後を託すことなどできません。

従業員全員が、お店でも家庭でも、町内会でも、笑顔に囲まれ、思いやりに溢れている。こんな姿を目指していくことは会社のマネジメントが進めるうえでも最も基本的なことであり、社長が交代しても変えてはいけないことなのです。

ソーシャルメディアの重要性に着目する

ここで少しだけ、フェイスブックなどのソーシャルメディアのインパクトについて触れてみたいと思います。

ソーシャルメディア、すなわちフェイスブックやツイッター、ＬＩＮＥ、ＹｏｕＴｕｂｅなどにより、今後のお客様とのコミュニケーションの在り方は、想像以上に変わっていきます。これらのソーシャルメディアを経営にどう取り込んでいくべきかを考えていかなければ、もはや先の10年を考えることはできません。そのあたりも今後の重要な経営課題として捉えておく必要があります。

ちなみに、ネットで調べると、２０１４年の段階で日本では、フェイスブックは月間利用者数が２１００万人、一日の利用者は１４００万人、ツイッターの月間利用者数が２１７５万人、ＬＩＮＥの一日の利用者は３０００万人、ＹｏｕＴｕｂｅは月間利用者数が４０７９万人となっています。

これだけの人が利用しているとなれば、日々の営業活動でいい加減な顧客対応はもうできません。コンプライアンス違反などはすぐにネット上で拡散し、会社の事業活動の息の根は簡単に止められてしまいかねません。

このようなことを考慮しつつ、今後各社の経営を進めていくにあたって、重要なポイントは理念なき売上主義や拡大志向は社会に不幸を招きます。無理を強いて社員を追い詰めてしまうことによって、社員の成長のバランスが崩れ、結果として、ネットなどにとんでもない投稿をする社員が出てしまいかねません。つまり、「三方よし」において、「世間良し」の重要性がソーシャルメディアの浸透によって、ますます加速して高まるということです。

昨今の、居酒屋のW社さんや牛丼のS社さんが、あたかもブラック企業であるかのような風評が広まってしまった問題の大きな原因はここにあります。

実際には、メディア上で騒いでいる人の多くは、これらの会社を利用したことがほとんどない人たちだとも言われています。このように、今や直接的に自社の商品やサービスを利用したことのない人によって、事業の永続性が左右されてしまうのです。

ではなぜ、企業の目的を金儲けや収益力の向上にしてはいけないのでしょうか？　金儲けや収益力の向上を私はまったく否定しません。しかし、企業の目的は、たとえば顧客と社員の幸せの実現や成長に置くべきものであり、収益を上げることはあくまでそのための手段であるべきです。

ここをはき違えている会社では、昨今よく問題となっているＹｏｕＴｕｂｅへの問題投稿をする社員が現れる確率が飛躍的に高まってしまうことになります。

一方、顧客の声にきちんと耳を傾けることはとても大切であると言われますが、実はソーシャルメディアを通じて、なかなか本音を言ってくれない顧客の声もよくわかります。

いろいろな顧客との接点において、フェイスブックのようなソーシャルメディアを、これから自社内でどう活用していくのか、なぜソーシャルメディアが大切なのかを真剣に考えていかなければならない時代になったのです。

リーダーの行動や姿勢が、強い影響を与える

2005年、すべての人にミラーニューロンという神経細胞が備わっているということが科学的に解明されました。

ミラーニューロンとは、自分にかかわっている他人の行動を、無意識のうちに自分の脳内で「鏡」のように映し出してしまう神経細胞のことです。そして、このニューロン（神経細胞）は、他人の「行動」を単にコピーするだけでなく、どうしてそのような行動をとっているのかという、他人の「意図」までも識別していることがわかってきました。

つまり、我々の脳内には、他人のしていることを見て、自分がそれをしているかのように感じてしまう細胞が備わっていて、知らず知らずのうちに、良いことも悪いことも鏡のように、他人の行動を模倣してしまうのだということなのです。

より深く勉強してみようと興味をもたれた方は、『ミラーニューロンの発見』（イアコボーニ・M著 早川書房）という本を読んでいただければと思います。

特に、良い風土づくりに向けて、価値観の共有・共感・共鳴・共振させるには、一人ひとりがどうしていったらよいのか、きわめてシンプルな方法が、このミラーニューロンの発見でわかっ

てきたということです。私たちは生まれつき、周囲の人の良い態度にも、悪い態度にも、体は勝手に共感を覚えてしまうようにできているのです。

つまり、子供の頃なら先生や親や友人、会社であれば社長や上司やリーダーあるいは周囲の仲間が良い行動をすれば、人は自然にだんだんとその行動を無意識のうちに模倣しますし、悪い態度や行動を取る人が周囲にいれば、知らず知らずのうちにそのとおり行動するようになります。「類は友を呼ぶ」とはよく言ったものです。

そして同時に、そのような行動をとっている人の隠れた心理の裏側も感じ取っています。子供が親を真似するというのはまさしくその典型であり、子供を見れば親がわかるということは、すでにみなさんがご存じのとおりです。

だから、会社やお店で、社長やリーダーたちが理念に基づく良い行動を取れば、自然とその組織は理念に基づいた行動をする人の集団になります。

一方、地位は関係なく、会社や組織のボス的存在の人が、その逆の行動を取れば、簡単に悪い風土の会社になります。

たとえば偉そうにしていたり、ブスッとしていたり、悪態をついたり、自分勝手な行動をとったりしていれば、その組織全体に悪い雰囲気が自然と伝染していくのです。

中には会社の風土が悪いのに、染まらない人もいます。そのような人が悪く染まらないのは、家庭や社会など周囲に、つまりもっと強く良い行動をしている人たちがおり、そちらの行動や心理を映し出す鏡が強いために、簡単には悪い行動には染まらないからなのです。

私たち一人ひとりの姿勢が自然と周囲の社員に伝わり、そのような社員やスタッフの姿勢が自然と組織や店舗のお客様に伝わり、それが、今やソーシャルメディアを通じて地域や社会に一気に広がっていくのです。ソーシャルメディアは社会的なミラーニューロンそのものと言ってよいでしょう。

そもそも人間は、社会を形成することによって、自分の生きる世界をさらに住みよい場所に変えていこうと、本能的に考えるようになっていると言われています。

だからこそ、一人ひとりの態度や物事に取り組む姿勢が良ければ、組織の風土はますます良いほうに伝染し、それがお客様や社会にも浸透していき、会社の評判は加速的に良くなって、「地域で一番信頼され選ばれる会社になる」ことにつながっていきます。

社長がいつもいらいらしていたり、ブスッとしていたり、怒ってばっかりだったり、笑顔も出さなければ、子供が親を真似るように、自然と組織の社員たちに悪い態度が伝染していき、結果的にそれはお客様にも伝わり、怒ってばかりいる顧客に囲まれ、ますます社員たちがイライラし、互いに嫌な思いの中で過ごす時間が増えていきます。さらにお客様にもより悪い印象が伝わり、業績が悪化するという悪循環のスパイラルにはまっていくのです。以前はこのようなことは精神論だと片付けられていましたが、ミラーニューロンの発見により、明確に科学的証明がなされているということを経営者はきちんと認識すべきです。

百聞は一見にしかず、百見は一体験にしかず

みなさんの手元に「自転車に乗れる本」、「自動車の乗り方」という本があるとします。本を読んで知識を得たら、自転車や自動車に乗れるでしょうか？　どんなに高度な知識があっても、身体が覚え、無意識のうちにできるようになるまで訓練を繰り返していかなければ、自転車も、自動車も乗れるようにはなりません。

とにかく身体が自然に反応するまで覚えて実行できるようにすることが大切です。

ゴルフでも同じことです。私はゴルフ雑誌などを何百冊も読み、その都度わかった気になりますが、それでうまくいったためしなど1％もありません。書かれていることや読んだこと、知ったことを「実際に実行できる」段階に到達して、初めて物事を「理解できた」ということができます。

部下や後輩に対して、「教えても教えても覚えない」と文句を言っている人をよく見かけます。部下の成長をもってしか上司の成長は測ることができません。だから部下が育たないと言って飲み屋で酒を飲んでいる人がいますが、それは自分が成長していないという証であり、天に向かって唾を吐き、戻ってきて自分の顔にかかっているようなものです。

それでは、部下や後輩はいったい何回言えば理解できるようになるのでしょうか？

私が以前ネッツトヨタ南国の横田英毅さんから直接聞いた話を少しご紹介します。

よく「百聞は一見にしかず」といいます。つまり「一見＞百聞」ということになります。ところが横田さんが言うには、「百見は一体験にしかず」というのです。つまり、「一体験＞百見」ということです。

これをかけ算すると、「一体験＞百見×百聞、すなわち一体験＞一万聞」ということです。簡単に言えば、一万回言って聞かせる以上に、一回やらせてみるほうが、はるかに効果があるというのです。

ネッツトヨタ南国では、上司が部下に命令することはまったくありません。さらに自分で考えず、すぐに周囲に教えてもらおうとする人には誰も何も教えません。

だから、みんな自分で考え、自分で発言し、自分で行動・挑戦し、自分で反省する。つまり仕事が他人事ではなく自分事になっているのです。

ネッツ南国は、他人事で仕事をしている人には、上司ではなく仲間同士がとても厳しい会社であり、だからこそ個人も組織も成長していくのです。野球にたとえると、俺は三振とエラーするけれど、おまえらはホームランを打って三振を取ってくればいいんだという人を許さないような感じです。こういうことが自立と自律を実践するということにつながるのではないでしょうか。

さて、そもそも、物事を知っているだけでは理解したことにはなりません。もしそうなら、みんなゴルフのプロになっていますし、みなトップ営業マンになれるはずです。でもそうならないのは、実際にやってみて初めてわかることだらけだからなのです。

行動しないで失敗もしないことからは何も生まれません。会社経営においては、よほどの致命傷にならない限り、行動を起こして失敗する人のほうを評価すべきです。なぜならば、自分で考えたことならば、やったことは他人事ではなく自分事なので、いちいち言われなくても自分で反省し、自分で新しいやり方を編み出そうという力を生み出すからであり、それこそが組織の活力の源泉になるからです。

このように、人が自発的に動く原則を、まったくわかっていない会社経営者はとても多く、結果として、人が育たず、すぐに辞めてしまい、結局業績も上がらないという悪循環に陥っています。そのため、またいちいち口を出し、指示命令ばかりするので、指示待ち人間の部下しかいなくなってしまいます。そういう人たちは言われたことしかやらないし、失敗しても他人事の意識で反省もしない人たちの集団になっていくのだから、当然業績が上がるはずもありません。

口には出さなくても、心の中で「俺はこんなことは始めからやりたくなかったが、部長がやれと言うから仕方なくやった。だからうまくいかなかったり、契約が取れなかったりするのは俺のせいではなく、部長のせいだ」と言っている社員は、反省もしないので、成長もしないわけです。たとえ百回言われたくらいでは部下たちは何も変わらないということを、多くの会社の社長自身が身をもって体験しているにもかかわらず、それでも同じことを繰り返しています。やるなら最低でも一万回言い続けることです。でも一万回も言い続けるうちに、言われたほうは辞めてしまうし、パワハラで訴えられるかも知れません。

腹をくくって、部下を信じて、認めて、任せてみることです。任せたなら、あとは忍耐です。そして責任を持ってあげることです。この「信→認→任→忍→任」のサイクルこそが効果的に人を育てることにつながるのです。

ものごとに「たら」「れば」はない

私は保険業界だけでなく、介護施設、病院、自動車販売店、修理工場、スーパーマーケット、マスコミ、ガス会社、住宅・建設会社など、いろいろな業界・業種でコンサルティングや教育・研修をしてきました。そして、いつでも、どの会社でも革新を進めようとすると必ず抵抗する人たちがいました。

それまでのやり方で、その人や会社の成果が上がっていたのなら私たちコンサルタントが登場することはないのですが、成果がないから私たちが呼ばれるわけです。なのに、革新を恐れる人たちは「たら」と「れば」という共通語を使い、何も動かない抵抗をしてきます。鱈とレバーなら、美味しい食材ですが、組織における「たら」と「れば」ほど、困るものはありません。

なぜならば、「たら」と「れば」は、組織が新しい方向に向かう時の、一人ひとりの行動を即、鈍らせてしまうからです。つまり組織の活力を失わせてしまうのです。

なにか新しいことに挑戦しようといっている時に、「条件が整ったらやりますよ」という人たちは、「条件が整っても結局やらない」人たちです。これは、これまでのコンサルタントや経営者としての経験上共通しています。

今やらない人は、周囲の何かが変わってもなかなか挑戦しようとしません。自分の思うような条件が100%整う時などいつまで待っていても来ないということを知らないのです。

社員が「○○したら、やりますよ」と言っていたら、結局は、「やりません」と言っているのと同じです。

私が社長をやったレストランチェーンも、スーパーマーケットでも、抵抗する人たちは「条件が揃わない、先の保証がない」などいくらでもやらない理由を並べ立てました。これは得意中の得意です。そして、「周囲の環境が変わったら」やると言います。

周囲の環境が本当に変わったら変わったで、今度は「また変わるから、〝変わったら〟やる」と、「たら」「れば」を言いながら、いつまでも新しいことをやりませんでした。

「なにか変わったらやる」と言う人は、絶対にやらない人です。見込み客も同じです。

営業に行って「今こういう状況だから、周囲の環境、市場環境、社内の体制が整ったら」と言って、なかなか決めないお客様の大半はずっと決めないお客様です。だから早めに見切って、自分のエネルギーを別のお客様に振り向けなければなりません。

だいたいどこの販売会社でもトップセールスマンはこの見切りが早い人たちです。

一方、成果の上がらない人たちも行動パターンは共通しています。〝いつまでも決めてくれないが、断ってもこない〟お客様を追いかけ続けてエネルギーの無駄遣いをしています。

三和総研時代に私たちの部でコンサルティングしていたある住宅メーカーでは、「最初に30万円の手付金を払わない、あるいは2週間たっても決めないお客様は、たとえ見込みはあっても、すべて捨てて、新規のお客様にエネルギーを振り向けろ」と徹底し、営業効率が格段に上がり、業界のトップクラスに上り詰めていきました。

そもそも、自分が思うような都合のよい条件がそろうようなことは100%ありません。裏返せば、成果の出る会社の共通点は見切りの決断がはっきりしていることです。「やらない」で、ゆでガエルのように先細りになっていくくらいなら、条件が揃う前に動き、「やりながら考えていく」ほうがよいのです。これこそが、市場環境が厳しい時代の成果の出る組織の重要成功要因の一つです。

会社の経営も営業と同じだと思います。好条件が整うなんてことはなく、むしろ何もしなければ悪条件がどんどん積み重なります。今の条件の中で、日々限られた経営資源（人、モノ、金、時間）をやり繰りしながら変わっていくしかないのです。

自分たちが思っているような都合の良い条件は絶対に整わないという前提で取り組んでいけばいくほど、不思議なもので目の前が開けます。

これは、私だけでなく多くの成果を出している人たちが共通に言っていることです。[*12]

三感の実践

昨今どこの業界でも、営業面で市場環境がリーマンショック後のような土砂降りというような

＊12
〈参考文献・引用〉
小山昇「仕事ができる人の心得」

ことはないにせよ、余裕のある会社や人たちばかりではなさそうです。むしろ、今後中長期的に見れば、どこの業界も取り囲む環境は、より厳しい逆境の中に入っていくであろうということは、読者のみなさんも当然気づいていらっしゃることと思います。

しかし、世の中を見てみれば、そのような逆境の中で、花を咲かせている会社や人たちはたくさんいます。そのような人たちは、逆境の中だからこそ花が咲く芽やチャンスがあると言っています。

では、逆境の中にいる人たちで成功している会社や人たちはどこを向いているのでしょうか？世の中を見渡せば、上を向いてもきりはないし、下を向いてもきりはありません。何となく話題の良い会社を見ればうらやましいと思う反面、業績の悪いところだってたくさんあり、下を見て安心していては何も始まりません。

未来を切り開いている人たちは、まっすぐ前を向いて歩いています。それも、下向《した》きではなく、ひたむきに、です。たった1文字の違いですが、この違いは大きいと思います。

静鉄ストアでは、私が社長3年目の新年早々に「挑戦」という項目がグループ全体の社是に加わり、唱和とスピーチを始めました。

「挑戦」という言葉が社是に加わった理由は、会社が大きくなり、安定してくると、リスクを恐れ、新しい言葉に積極的なトライをしなくなってしまうからであり、それが原因で、結局は厳しい時代にもかかわらず、手をこまねいているまま、ズルズルと組織が負のスパイラルに陥ってしまうからなのだと思います。市場環境が縮小する時だからこそ、これまでなかなかできなかったことに挑戦していく必要性が高まったのです。

そこでここでは、商売の基本に立ち返って「挑戦」を考えてみます。

商売をやっていると調子も良い時もあれば、なかなか業績が上がらない時もあります。業績が悪い時、みなさんの道の歩き方はどちらですか？　下向きに歩いていますか？　ひたむきに歩いていますか？

病は気から、景気も気からといいますが、調子の悪い時ほど、下を向けば良い気など生まれるはずがありません。やるべきことをひたむきにきちんとやってこそ、良い気すなわち未来の芽が出てきます。

では、そのための基本は何でしょうか？　私たちスーパーマーケット業界では三感の実践だと言われていますが、これがなければずっと地域に根ざして続ける商売は成り立ちません。

三感とは、

感動する→商品や売場を提案すること

感激する→接客とサービスをすること

感謝する→心と礼節を持つこと

です。

会社や店の大小は関係ありません。少しずつでも三感の実践ができる店を諦めずにつくっていくよう「挑戦」していかなければ、そのお店に未来はありません。

三感をコツコツと積み上げていけば、「この店があって本当に良かった」とお客様に言っていただけるようになります。これこそがサービス業に関わる私たちの原点です。[*13]

『商いのこころ』（日本経済新聞社 伊藤雅俊著）という本には「売上はお客様からのご支持の結果です」「利益はお客様からのご褒美です」ということが書かれています。

売上が上がらないのは、お客様の支持が低いから、利益が出ないのはご褒美をいただけるような仕事ができていないからだということです。

ただの作業をしているだけの人たち、今までのやり方にしがみついて、機械的に仕事をしている人たちや会社にお客様はご褒美などくれません。

ＩＴの活用などで販売効率が上がろうがお客様にはなにも関係ありません。店の効率性ではなく、重視すべきはお客様の立場に立った営業活動ができているかどうかです。

これができてこそ、会社や店の利益が出てくるようになります。

では、そのための基本的スタンスをどのように取るべきなのでしょうか？　お客様の要求・期待は時々刻々と変化します。ですから柔軟に変化に対応できなければなりません。

私が日本生産性本部で講演をした時に、一緒に講演をした方の話で久々に、ダーウィンの「種の起源」についての話が出ました。この話は小泉純一郎元首相がよく演説で取り上げたので有名になった話ですからみなさんもよくご存じのことと思います。

組織進化論の章でも述べましたが、「最高に強いものが、最高に賢いものが生き残ってきたわけではない、周囲の変化に最も敏感に適応した種だけが生き残ってきた」というものです。

実はこの話の大元は、ダーウィンよりはるか昔、紀元前１０５０年頃の中国、周の時代に「周

＊13
〈参考〉
新日本スーパーマーケット協会
スーパーマーケットトレードショー講演
（株式会社オフィスはなわ代表取締役社長／
株式会社セブン＆アイ・ホールディングス顧問・塙昭彦氏）

易」として体系化され現在まで伝わっている理論です。「当たらずも八卦」の易者の易のことです。

周易については、孫子の『兵法』を読むと何度も出てきますし、孫子は呉王や部下たちにこのことを何度も説いています。また孫子と同時代の孔子や孟子の思想にも周易は強い影響を与えていると言われています。本も数え切れないほど出ています。

この進化論の言葉はどの会社でもまったく同じことが言えます。市場環境の変化に適して変化できない会社や店は淘汰されていきます。これから市場が縮小していく状況というのはだんだん氷河期に入るようなものです。恐竜やマンモスほど生き残れなかったことを教訓にしていかなければなりません。

したがって恐竜のような大企業よりも、地域に密着した小振りの会社のほうが、シェアもそれほど大きくないだけに、市場全体の縮小の影響や変化を受ける度合いは大企業に比べればたいしたことはありません。

中小企業こそ、地域のお客様の要求・期待を、より素早く的確に把握することができるはずです。ゆえに生き残りの確率は高くなるのです。同時に、松尾芭蕉の言った「不易流行」という言葉も重要です。

不易の易は、古代中国では何の象形文字だったか、みなさんはご存じですか？「易」は、トカゲあるいはカメレオンのことです。つまり周囲の環境に合わせて自分の色を七変化させることを言います。

易は蜴《とかげ》の原字であり、蜴の色が変わって見えることから「かわる」、また蜴が地面にへばりつくことから「たいら」「たやすい」を表していると言われます。

不易とは詩の基本形である永遠性、流行は時々の新しい形を示します。すなわち「変えなければならないこと」と「変えてはいけないこと」を明確にし、その調和を取っていくということが大切なのです。

変えてはいけない骨格のようなものを経営に当てはめて具体的に言えば、「お客様本位」「社員を大切にする」「社会に嘘をつかない、社会に貢献する」「常に独自能力を持つ」という経営品質の４つの基本理念であり、変えてはいけない普遍的な真理です。これが不易です。

では流行とは？　再度説明しますが、これらの理念を実践するため方法は、市場や社会の変化に合わせて変えていかなければならないということです。

つまり、戦略も、お客様に喜んでいただく方法も、従業員に満足してもらう方法も、社会に貢献する方法も、独自性も、時と場合により、素早く変化させていかなければならないということなのです。

朝やってダメなら、午後変えなければならないほどの俊敏性が求められます。柔軟に自分たちの組織のやり方を変化させ、飛躍する大きなチャンスはいくらでもあるのです。

経営品質向上は終わりなき旅

16年間、私が経営していた会社は良くはなってきていても、砂の器のように崩れてしまうことの繰り返しでした。だから今でも、砂に水、ざるに水を入れ続ける毎日に変わりはないのです。会社の理念、ビジョンを明確にして、その徹底、浸透に惜しみない時間を費やす。結局会社の成長はこれで決まってしまうのです。

経営品質の真髄は企業を評価したりアセスメントしたりする手法やテクニックを身につけることでもありません。フィロソフィー、そして理念の共有・共感・共鳴・共振こそがすべてなのだと私は信じています。

いま従業員が求めているものは、そこで働くことによって自分の能力を認めてもらい、自分も人間的に成長できる環境です。本書で紹介したすばらしい会社は、スタッフ全員がお客様にとって善かれと思って行動しています。お客様本位の良い判断や行動が泉のように社内に溢れてくるようになれば、どんな会社や組織もいつか永続的な卓越した組織になることができるのではないかと思っています。

これこそが、最良だから最強な組織づくり、すなわち「A Great Place to Work」への終わりなき道なのです。

日本経営品質賞と出会って

２０１１年度日本経営品質賞受賞株式会社ねぎしフードサービス　代表取締役社長 根岸 榮治

株式会社ねぎしフードサービスは、牛たん・とろろ・麦めしを主たるメニューとして、「ねぎし」という屋号で、現在、東京都内に33店舗、横浜駅前に2店舗直営で展開しています。

売上高は、56億円（２０１４年度）、社員数１２０人、アルバイト１０００人（内、外国人アルバイト比率35％）、アルバイト比率90％の企業です。

創業は１９７０年。70年代は、流行を追いかける狩猟型経営を展開し、宮城県〜福島県〜茨城県を中心に２００キロメートル以上離れた広範囲の地域に多業態の飲食店を約20店舗出店していました。しかし、流行を追いかける経営なので、5年〜7年もすればマンネリ化・陳腐化して飽きられ、店舗も点在していたこともあり、効果的な社員と商品の磨き上げができていませんでした。当時はそれがビジネスというものだと思い込んでいましたが、結局、経営は行き詰まり、順次閉店していくことになりました。

その反省をふまえ、同一地域に同一業態の農耕型経営をめざして、1981年、市場性の高い東京に移し、牛たん専門店1号店を東京・新宿にオープンしました。今年で34年を迎えますが、その時から、一つの商品を磨き上げ、人材共育に取り組んできました。

狩猟型経営時代のその苦い経験から良い会社を創りたい。永続性のある会社を創りたいといつも思い続けていました。

順調に東京都内に出店をしていき、人の育成にも力を入れ仕組み化をしていく中、1997年ごろ、日本経営品質賞の受賞企業の講演を聴く機会がありました。その時の衝撃を今でも覚えています。その経営のすばらしさです。「働く人たちが、皆、生き生きと仕事をしている。これが私の目指している良い会社づくりだ！」と感動し、数年間、その企業の追っかけがはじまったのです。

しかし、具体的に取り組みを始めようとした矢先に、私共の会社に、突然、ピンチがのしかかってきました。2001年を国内産、2003年はアメリカ産牛肉の狂牛病BSE発生です。売上が半減し、会社の存続自体が危ぶまれるほどでしたので、取り組みがストップしましたが、全社的にピンチをチャンスに変えて取り組み、乗り越えることができました。そして、2005年から、本格的に日本経営品質賞の勉強を開始することになり、受賞企業の社長でもあった望月先生に出会い、ご指導をいただき、その勉強がはじまりました。

その当時は、日本経営品質賞の名前は知っていても、一体何をどうすればよいのかも解らず、アセスメント基準書を読んでも、難しすぎて、まったく理解することができませんでした。

しかし、大変共鳴した考え方がそこにあったのです。「時代が変わっても、時代の変化に対応できる普遍的な価値が、日本経営品質賞の4つの基本理念」であることを学びました。私が目指す「100年企業＝永続性のある会社」になるために、なくてはならない基本的な考え方だということが、解ったのです。そこで「顧客本位」「社員重視」「社会との調和」「独自能力」の4つの基本理念に基づいて、私共の今まで取り組んできた仕組みを見直し、構築してきました。

日本経営品質賞に出会ってから、さらに変化したことは経営理念の浸透です。当社では中途採用が多く、アルバイトには外国人も多くいます。価値観が多様化した集団とも言えるので、それぞれの価値観をお互いに認め合いながら会社の目標を実現するために必要不可欠と考えています。価値観を共有する第一歩が経営理念の共有です。当社の経営理念は、1997年にできたものですが、こんなに会社にとって大切なものになるとは、創った当初は、考えもよりませんでした。今では社員の誰もが経営理念を価値基準の羅針盤として考えるようになりました。

また、経営品質を導入してからは、社員それぞれが、何のために働いているのかを考えるようになってきたと思います。私共は、〝思い8割・スキル2割〟というぐらい精神面を重視しており、従業員同士が日々の仕事の目的（＝お客様の喜びと満足を得ること）を共有し、顧客本位の親切という文化も定着してきました。基本理念が共有されていれば、自分の持っている能力を最大限まで発揮し、チームでお客様の満足に貢献するという基本姿勢も定着してきたように思います。

2005年以降、こうした取り組みにより、2009年度日本経営品質経営革新賞奨励賞、2010年度日本経営品質賞経営革新推進賞の受賞を経て、2011年度には日本経営品質賞を受賞することができました。

日本経営品質賞に取り組み、もちろん受賞後もいろいろな仕組みをつくり、見直しをしています。経営理念共有・共感の仕組みづくり、人材共育の仕組みづくり、社会との調和をしていくための仕組みづくり、すべての仕組みを磨き上げ、スパイラルでＰＤＣＡを繰り返すことのできる組織風土に変革してきました。

今後も生き生きとした人材が独自の顧客価値として、ねぎし独自の品揃えを重視し、「この街にねぎしがあってよかった」と思っていただけるおいしい味づくりにこだわり、楽しい街づくりに貢献できる、地域や社会になくてはならない会社へと育つよう、社会との共生に力を入れて１００年企業を目指します。

日本経営品質賞と望月先生との出会いに感謝します。

2018年度日本経営品質賞受賞
株式会社スーパー・コート元代表取締役　山本　晃嘉

株式会社スーパー・コートは現在、関西で45施設の有料老人ホームを展開しています。

・経営品質に取り組んだいきさつ

当社の関連会社にスーパーホテルがあります。スーパーホテルは1泊朝食付きで4980円というホテル業界の価格を武器に業績を拡大させていきました。しかし他のホテルも同等もしくはそれ以下の価格で対抗するようになり、業界全体が価格競争となってしまいました。そこでスーパーホテルでは、価格以外の品質を高めるべく経営品質の考え方を取り入れ、従業員満足と顧客満足の向上を図りました。その結果、JCSI（日本版顧客満足度指数）とJDパワーのCS調査において同等のクラスのホテルにおいて、顧客満足度No．1を獲得し、2009年度に日本経営品質賞を受賞することができました。

一方、スーパー・コートは介護市場の成長性に伴って順調に業績は推移してきましたが、10店舗を超えたころから、競争環境が激化し、売上が伸び悩むとともに、組織として大切にしている考えがなかなか現場に浸透せず、改善も遅々として進まないという悩みを感ずるようになりました。そこで、スーパーホテルの成功にならって経営品質を企業活動の中心に据えて風土変革への取り組みを開始しました。活動を始めるにあたっては、２００５年度の日本経営品質賞受賞企業のＪ・アートレストランシステムズを幹部とともに訪ね、ベンチマーキングしました。そこで当時社長をしていた本書の著者でもある望月さんに指導をお願いしたところ、快くお引き受けいただきました。

・当社の経営品質活動

当社での経営品質活動は月に１回開催される「経営品質会議」を中心に展開しています。

【経営品質会議】

毎月１回、経営幹部と施設長が15人ほど集まって、望月先生にもご支援いただきながら経営品質向上プログラムを継続的に推進しています。そこでは、経営品質の考え方についてより深く学ぶとともに、当社における「従業員満足」「顧客満足」「社会貢献」「独自価値」について、それぞれを関連づけてどのように高めていくかについての真剣な対話が行われています。私はどちらかというと発言を控えめにし、皆が意見を言いやすい環境を作ろうとしています。日常は介護の現場にいるメンバーたちですから、当初は的外れな発言をする人も多かったのですが、回を重ねるにしたがって、深い気づきや本質に迫った意見が活発に出てくるようになりました。

【経営品質勉強会】

さらに、年に1回、その年入社したヘルパー、ケアマネージャー、看護師など現場スタッフを全員集めて、4時間の経営品質勉強会を実施しています。望月先生が直接、本書に書かれているようなことを現場のスタッフにわかりやすい言葉で説明していただいています。これにより、当社がなぜ経営理念を大切にし、従業員満足や顧客満足を心から追求しているのかということが、従業員に伝わり、従業員のモチベーション向上にもつながっています。

【関西経営品質賞の受賞】

これらの活動の結果、2012年には関西経営品質賞優秀賞を受賞することができました。私自身もうれしかったことは言うまでもありませんが、それ以上に社員にとっては、自分たちが継続して行ってきたことが「間違っていなかったんだ」と大きな自信にもつながりました。

・経営品質活動の成果

経営品質活動を続けてきたことによって、次の成果があったと思います。

①会社経営に関して、確かな「指針」が見いだせたこと

会社の経営の仕方には色々な考え方があります。書店に行けば、それに類する書籍が山ほど並んでいます。しかし私は、経営品質の考え方が最も受け入れやすく、かつ優れた考え方だと確信しています。経営に悩んだり、判断に迷ったりすることは、数え切れないほどありますが、そのような時は経営品質の考え方に立ち戻って判断をするようにしています。

②社員が自律して考えるようになったこと

会社の理念や従業員の行動指針、また会社の戦略が明確になったことによって、いちいち、こちらから指示をしなくても社員が自主的に考え、行動をしてくれるようになりました。以前のように、社員によって考え方がバラバラということもなく、方向性が一致してきたと手応えを感じています。

③データで物事を見るようになったこと

それまでは、どちらかというと感覚で物を言うような社風でした。聞いていても事実はどうなのかと戸惑うことも多々ありました。しかし、経営品質活動を進めていくうちに常にデータに基づいて話をするような風土に変わってきました。さらに、何が問題なのかも素早く判断できるようになりました。

・今後へ向けて

２０１５年４月、介護報酬は大幅な引き下げが行われました。財政がひっ迫する中、今後も介護業界においては、厳しい経営が続くことが十分に予想されます。ますます厳しくなる経営環境の中にあって、経営品質を継続的に高め続けていくことで、お客様と従業員に喜んでいただけ、社会のお役に立つ、かつ永続性のある企業を作っていくことはできると確信しています。

2017年度日本経営品質賞受賞
トップ保険サービス株式会社代表取締役　野嶋　康敬

私が、経営品質に出会ったのは、2002年のことでした。

経営者として（というよりは会社を代表するセールスマン、サービスマンとして）、いくつかの大きな危機を乗り越え、ある程度の自信ができてきた頃のことです。

経営といっても、当時は社員10名ほどの組織で、引き継いだ借金もまだ億円単位で残っており、まさに無我夢中の会社運営のさなかでした。

仕入先である保険会社が、「保険代理店も組織化を」「保険代理店を家業から企業へ」との方針を打ち出し、その一環として私たち保険代理店に経営品質を学ぶ機会を作ってくれました。私の正直な気持ちは、「医者や弁護士などの職種でも組織化をせずにやっているビジネスが沢山あるのだから」と保険代理店のビジネスは、違うのではないかと反発さえしていました。

当時、東京海上火災保険株式会社の金杉浩常務からも「野嶋君は社長になったのにまだ事故対応をしているのか」と叱られましたが、私は内心「お客様が本当に困っているときに一番優秀な者が対応に当たらなくてどうする！」と思っていたのです。

ただ、経営品質の「お客様本位」の考え方だけは私の信念と合致していたので、ある程度の興味を持ったのは確かでした。

リッツ・カールトンホテル大阪やバグジー等の「顧客満足」を学び、社員全員でリッツ・カールトン大阪へ研修旅行に行き、幹部社員には他のホンダクリオ新神奈川様やネッツトヨタ南国様、沖縄教育出版様、四国管財様、伊那食品工業様など日本中のすばらしい企業を実際に訪問し経営品質を学ぶ研修を行いました。

また、2003年から大久保寛司先生にご指導いただき、「組織プロフィール」を作成し、「8つのカテゴリー」の採点や目標設定と振り返りなどを3年間行い、結果的に会社の収益も規模も体質についても大きく改善させていただきました。

当然、会社方針は経営品質を中心としたものになり、毎月の経営品質会議を中心にさまざまな取り組みを実施しました。

とにかく「会社にとって一番大切なものは、人・モノ・金ではなく、お客様」という考え方のもとに、「徹底したお客様サービスの追及」を目指しました。

そのうち社員数も当初の3倍以上になり、新卒の社員を定期的に採用するようにもなりましたが、「最高のお客様サービスを実現するためのツール」としての社員教育や人事制度の拡充を目指していたのです。

ところが、２０１４年に大きな転機が訪れました。

私が当時会長職を務めていた会で、望月先生をお招きして経営品質のお話をしていただくことになりました。私としては、10年以上も取り組んできたことでもあり、いつものお話だとタカをくくっていたのです。

そして、私が望月先生を講師としてご紹介するときに「経営品質とは、ご存知の通りお客様を第一に考えるという考え方ですが…」と前置きを披露しました。

そのあとの望月先生の講演の第一声は「せっかく野嶋会長さんにご紹介いただきましたが、あの考え方はもっと進化しています。」でした。

「えっ？」

その瞬間、少々狼狽しましたが、先生の講演は「従業員重視」「顧客本位」「独自能力」「社会貢献」の４つの柱がバランス良く整っていることがどうしても必要で、その中心には「従業員重視」を置かないと、バランスの整合が取れないとのお話でした。とくに「A Great

Place to Work」を目指すという考え方は、私の心に突き刺さりました。

講演後、早速先生にお願いして「パート社員を含めた全従業員によるA Great Place to Workへの道」という取り組みを開始しました。

まだまだこれからの取り組みですが、望月先生のわかりやすい説明のおかげで、すでに従業員の行動に変化が現れ、会議が活性化し、8年前から認証を続けている「情報セキュリティマネジメントの国際基準ISO27001」と、この経営品質活動が完全にリンクされてきました し、これまでの場当たり的な経営品質活動が、会社自らが常に品質向上に取り組む仕組みに変わりつつあるのを実感しています。

トップ保険サービスとしては、経営品質との「新たな出会い」により、次の10年、創業100周年に向けた取り組みの方法を授けていただいたことに感謝し、真の「A Great Place to Work」を目指して全員でがんばってみたいと思います。

ありがとうございます!

東京海上日動火災保険株式会社ＴＯＰ ＱＵＡＬＩＴＹ認定Ⅲ代理店
株式会社東海総合保険事務所　代表取締役社長　松原　勇夫

私は28年前（１９８６年）に保険業界の門を叩きました。

当初は、個人の損害保険代理店を営んでいましたが、多くのお客様に対して生涯にわたり最適なトータルライフコンサルティングとそのためのサービス提供を行うためには、個人代理店では限界があると考え、「組織」としてお客様に対応できる仕組みづくりに取り組むことにしました。

現在の会社は私と営業１人事務１人の計３人でスタートしました。徐々に従業員も増え、営業成績順調に伸びていきました。

しかし、当初は目の前の数字を追いかけることばかりに追われる経営だったので、成績やスキルが伸び悩むスタッフが続出し、今考えれば当たり前のことではありますが、数年で壁にぶち当たってしまいました。

そして、どのようにすれば従業員が成長を感じ、さらにお客様に信頼される選ばれる会社になれるのだろうかと頭を悩ませる日々が続きました。

そのような行き詰まった状況の中で出会ったのが、東京海上日動火災保険株式会社の中四国エリアの主要な代理店を集めてスタートした望月先生による経営品質カレッジでした。これは、単なる研修ではなく、年間6回ほど保険会社の広島の会議室に集まって、定期的なカリキュラムにそって勉強し、同時に自社に戻ってからも現場での実践が求められる経営品質向上のためのプログラムでした。

このカレッジへ参加し続けたことこそが、私自身と今の東海総合保険事務所にとっての飛躍へのターニングポイントとなりました。

経営の品質を向上すること、すなわち日本経営品質賞のアセスメント基準を、良い組織づくりのための設計図として組織運営の根幹に位置づけること。

さらに、社員全員、保険会社などのビジネスパートナー、さらにはお客様に対しても経営理念を浸透させていくこと。

社員一人ひとりがコツコツと利他主義に基づいて、日々の行動を実践していくこと。

このようなことの積み重ねこそが、従業員一人ひとりと組織全体の成長への近道だと考え、日々の取り組みをスタートし、そして今日まで継続してきました。

当初、この考え方は、ずっと行動を共にしてきた従業員たちにさえもなかなか浸透できず、本当に何度も挫折しそうになりました。

今思い起こせば、とにかく諦めずに続けることのできた要因は、社長の私だけでなく、大半の社員たちが、毎年順番に経営品質カレッジに参加してくれたことです。

その結果、私が求めている組織運営の姿がどんなものかを社員たちが、正しく理解してくれるようになり、意識も大きく変わっていきました。

そして、徐々に自ら考え行動する創造性と自主性が芽生え、育っていきました。

数年前からは保険代理店業界ではオープンすることをためらうことも多い会社の決算内容も、社員たちにすべて開示し、それをもとに、全員で経営資源（人・モノ・金）の配分、すなわち戦略を考える機会をもつこともできるようになっています。

ここ数年新しい人材も何人か迎え入れましたが、どのように経営資源を生み出し、配分するのかということを従業員が積極的に論議しています。このようなことが人材の成長にも大きく役だっています。

また人材の成長を第一に考え、皆が互いに、互いの悩みや苦しみに寄り添う風土ができました。

経営品質の取り組みを始めて10年が過ぎました。

売上は10年前の倍になりましたが、人がそれほど増えているわけではないので、生産性も大きく高まり、保険会社からはTOP QUALITY代理店Ⅲという最高の認定をいただくことができるまでになりました。

当初はすぐに成果が出ず、成果が出ても、次々と新たな課題が見つかり、なかなか前に進んだ実感がありませんでした。

しかし振り返ってみるとそれでも毎日愚直にお客様・社会・保険会社などまわりの人に対し「正しいことを正しく」行うことを意識し取り組みを行ってきたことが、今日につながっているのだと思います。

神戸トヨペット 谷川 博也店長奮戦記

私は以前、店長研修、ショールームの女性研修など、経営品質に基づく風土改革研修を神戸トヨペット様で実施させていただきました。当然自動車販売会社というところは、実績重視の世界です。そのような中で、店長クラスは軒並みトップセールスマンだった人ばかりです。

そこで、経営品質に基づき、顧客本位、社員重視、社会との調和、独自能力などの理念にそった研修を、腰を据えて実施したわけですが、現場のリーダーたちにどのくらい受け入れられるかは私自身も半信半疑でした。

しかし、幹部、店長クラスから全社の風土が少しずつ変わっていきました。

この谷川店長は、今は役員になりましたが、次のいただいたメールから、経営学の進化と同じように、風土改革と業績のリンクがわかります。

2005年6月5日

（望月）社長お元気ですか？　この月曜日、店舗全体ミーティングの日でしたがネッツトヨタ南国の新しいビデオを全員で見ました。先月は最初のビデオを見てみました。ワークシートに、明日までの期限で提出ということにして私がコメントを書いて、返していきます。これもコミュニケーションですね。また来月これを使って、みんなで対話しようと思っています。みんなで真剣にビデオを見ている姿を見ていると、少しずつですが気持ちが変わってきている様に感じます。各委員会の内容も自主的に朝礼で発表してくれています。朝礼も私は最近あまり話していません。まだまだ先は長く、なかなかの道のりですが前へ進んでいきます。

2005年6月27日

社長、こんにちは、お忙しい所すいません。今、加古川店の状態というと、大きな歯車がゴロンと好転する手前で悶々としている感じです。ご相談なのですが先日メールさせていただいた通り、ネッツ南国のビデオを見て7月7日に話し合いをしようと思っていますが、ミーティングの進め方で、今までと同じようなやり方でやっていけばいいものか、何か違うやり方をすればいいのか思案中です。とにかく全員が一言でも話せるようにとは思っています。何かいいアドバイスがあればと思います。前に行ったり後ろへ少しまた下がったり、先は長いです。クオリティジャーニーですね。頑張ります。

2005年7月23日

おはようございます。昨夜のダンスイベントですが、大盛況でお客様も帰り際にほぼ全員の方が「楽しかった、ありがとう」と言ってくれました。当店スタッフもみんな楽しそうな顔して一生懸命やってくれました。私もうれしかったです。また少し前に行ったように感じます。これから更にいろんな事にトライできそうな予感がします。頑張ります。

2005年8月10日

こんばんは 毎日暑いなかいかがお過ごしですか？ 今、加古川店はいろんな膿がいっぱい出ています。大変苦しいです。しかし、これを乗り越えればと頑張っています。またスタッフも私も一回り大きくなると信じています。すいません。頑張ります。お体どうぞご自愛下さい。

2005年11月14日

望月社長様お元気ですか？　なんとかかんとか頑張っています。月日がたつのが大変早く感じる毎日です。最近、毎日数字に追われてしまい少し余裕がありませんし、なかなか前には進んでいません。逆に後退しているようで少し不安です。各委員会も自主的に若いスタッフがやってくれていたり、お客様からお叱りよりお誉めが増えてきたり、いい事もあるのも事実です。私の心に少し迷いがありますが、いや信じてやると思い直しているところです。周りに惑わされずやっていきます。社長もお忙しい中お体ご自愛下さい。

2005年12月13日

社長、お体の具合はいかがですか。加古川店は昨晩徳島の鳴門で忘年会でした。宴会はすごく、それぞれが盛り上がって最高の雰囲気でした。一つになった事を感じました。最後の挨拶で、販売マネジャーの木場がひとりひとりの名前をあげて、ありがとうと言っていました。まだまだこれからですが、いい方向には間違いなく進んでいます。更にぼちぼち前に行きます。お体くれぐれもご自愛下さい。

2006年1月2日
あけましておめでとうございます。改めて経営品質賞受賞おめでとうございます。大変なお怪我をされた事、専務から聞きました。1日も早くよくなります様に。今年は更に、みんな優しい気持ちでやって行きます。
今年のスローガンは「ありがとうの心、すいませんの心で優秀賞!」
頑張りますやりまっせ!

2006年1月13日
おめでとうございます。本年もどうぞよろしくお願いいたします。
今年から今ある3つの委員会に、1カ月スパンでテーマを決めてもらって結果を出せる所まで出してもらい、発表してもらったうえで、更に考えてもらおうかなと取り組んでいます。
頑張ります。次のステップでやってみます。お体の具合はどうですか。またお会いできる日を楽しみにしております。

２００６年３月29日
望月社長殿、おはようございます。３月もあと３日、いよいよ春です。
今月加古川店は、全社で、グロスで一番多く登録台数を出せそうです。
今少し手応えを感じています。しかし質の方はまだまだ発展中です。頑張ってやります。

２００６年４月15日
社長、雨が降ってあがる度に店の花壇の花がどんどん大きくたくさん咲いてきていい感じです。頑張っております。当店の朝礼は、本当に良くなってきましたよ。みんな、喋ることに抵抗がなくなってきました。私自身なるほどなあと聞いています。まだまだですが、砂に水で頑張ります。季節の変わり目です。お体ご自愛下さい。

２００６年４月26日
おはようございます。みんなで視聴するビデオはバグジーのＶｏｌ．２にします。私は先に観ました。２回も見ました。涙がボロボロでした。実は１回目は先週、忙しくて、しんどい時だったのでそんなに感じなかったのですが、昨日休みでリラックスして観たら涙がたくさん出ました。思ったのですが気持ちが素直になっていると受け入れる事ができますね。いかにESが大事なのか痛感しました。5月連休明けにみんなにも観てもらって話し合ってもらうつもりです。頑張ります。

2006年5月12日
本日、2回目の社交ダンスパーティーをやりました。みんな喜んでくれました。何よりもスタッフがみんな協力してくれて一体感を感じました。
片付けが終ってイベント委員長が終わりの言葉を言ったら、自然に拍手が出ました。ほんとにうれしかったです。

2006年5月24日
社長殿、先日うれしい事がありました。メカニックの歓送迎会だったのですが、一次会が終わって外にでたら3つ4つのグループに分かれてなんやかんやと楽しそうに話をしていました。その場で30分位それぞれ輪になって話しておりました。今までなら、終わったら、スーっと消えていたのに、それもまたてんでばらばらに。サービスも新車も女性スタッフも関係なく、とてもいい感じでした。ここまでやったかと言う感じです。まだまだ頑張ります。これからです。

2006年6月13日

社長殿、やりましたよ。今日、組合主催のソフトボール大会があって我が加古川店が総合優勝しました。みんなで胴上げしてくれました。大変うれしかったです。何かの度に円陣になるんです。去年までなら考えられないことでした。着実に前に進んでいます。更に、更に、頑張ります。今年こそ総合優秀店が取れるスタッフにしていきます。感激な1日でした。

2006年8月11日

望月社長様、暑い毎日いかがお過ごしでしょうか？ 最近、加古川店は色々な点で、組織がいい方向に転がり始めたように感じます。みんなが少しずつ素直になっていっているように感じます。この8月も社内的に大きな異動がありましたが、ここ数年、出て行くスタッフはほとんどほかの店の重要なポジションになってくれていますし、また入ってくるメンバーも、望んでいる店づくり、人づくりに欲しいと思っていた人が不思議に入ってくるんです。大変有り難く思っています。それだけに、プレッシャーも強く感じていますが、私自身が「大丈夫こいつらやりよるやろ」と本心で思うのです。朝礼でも毎日３人４人が手を挙げて発表してくれます。11月研修が再会されると伺っております。その時には色々ご報告できればと楽しみにしております。お体どうぞご自愛下さい。私自身も頑張ります。

２００６年８月26日

望月社長様、今日は恒例のダンスイベントでした。やる度にたくさんのお客様がきて下さり、喜んでいただきました。帰られる時に、「楽しかったよ。ありがとう」と言われ、よかったと胸をなでおろす連続でした。だんだんスタッフ主体でやってくれるようになってきた事が大変嬉しいです。

まだまだ課題はありますが少しずつ前進します。ちなみに今日はアロハダンスで少し癒やされました。残暑厳しいですがお体ご自愛下さい。

2006年11月2日
望月社長様、こんばんは、お元気ですか？ 7日（望月さんの経営品質研修）、当店の女性スタッフ（本当にすばらしい二人ですが）が楽しみにしています。きっと更に磨きがかかると思います。宜しくお願いします。加古川店は少しずつですが着実に前進しています。もっと頑張ります。

2006年11月7日
望月社長殿、今日はありがとうございます。2人とも「研修受けさせていただきありがとうございます」と、メールをしてきました。本当にありがとうございます。また加古川店よくなりますよ。うれしく思います。
これから寒くなってきますがお体ご自愛下さい。色々いい報告します。

2006年11月9日
望月社長殿 おはようございます。先日は本当にありがとうございます。
田中さんは「加古川店が間違いなく良い方向に近づいているのを実感しました」と、佐伯さんは「いつも日誌交換していますがその中に今日のよかったことを書いていきます」と、それぞれしっかり吸収して帰ってきました。昨日は毎月やっている全体ミーティングの日だったのですが、私は入らず、あるテーマについて皆で話しあってもらいました。私は別の部屋にいたのですが、笑い声や拍手が聞こえてきたり、なんとかここまできたなとうれしく思いました。更にこれからやなと思います。ありがとうございます。

2006年12月9日

望月社長殿、師走のあわただしい頃いかがお過ごしですか。今日またまた嬉しい事がありました。CS委員会のメンバーの一人が朝礼で「委員会主催で今度ボーリング大会をします。それぞれ2000円ずつ出してメンバーでクリスマスプレゼントの交換会をします」と。その時うれしくてびっくりしました。本当の委員会になってきたと思いました。だんだんと部門間の壁がとれてきました。やってきた事が間違いではない事を改めて確信しました。もっと頑張ります。ありがとうございます。

２００６年12月24日

おはようございます。社長、今期37拠点中、店舗総合第３位で優秀店になりました。最優秀店にはなれなかったけれど、みんながひとつになっているのを実感できた３位なのでまずまずやなあと思っています。今の加古川店はバクジーに間違いなく近づきました。やっと土台ができたとこです。今からです。しかし、１月から姫路店に異動となりました。また一からですが経営品質の考えを広げていきたいと思います。会社はまだまだ経営品質が高いというようにはなっていませんが、必ずそうなるように一生懸命やっていきます。今後共よろしくお願いいたします。

２００７年１月21日

望月社長殿 年も変わり３週間が経ちました。新しい姫路店で２週間が過ぎ、やはり人数は加古川店よりも多く、少し大変そうです。部門間の壁があってなかなかお互い協力ができていません。成績も芳しくありません。なるほどと思います。加古川店での経験を生かして少しずつ、まず私がみんなと会話をし始めた所です。砂に水、一生懸命やっていきます。

2007年2月7日
おはようございます。一昨晩、加古川店の歓送迎会がありました。みんな色紙に一言書いてくれたのですが、一言一言見ていると、みんなが優しくなっているし、頑張ろうとしているのがわかり感激いたしました。姫路店もそうなるようにします。

2007年3月6日
望月社長殿、もうそこまで春が来ています。いかがお過ごしでしょうか？
今年会社の経営品質委員に選出されました。姫路店では、今はスタッフすべてに話を毎日やっています。また全社に広がるように努めたいと思います。またお会いできる機会があるかと期待しています。必ずスタッフをやる気にしてみせます。季節の変わり目です。お体ご自愛下さい。

2007年5月18日
望月社長殿、山々も新緑で元気一杯いい季節ですがいかがお過ごしでしょうか？　わたくしも姫路店に来て5カ月目に入りました。まだまだいろいろな壁がありますが、少しずつ意見を言い始めてきた所です。今はサービスの人と一緒に弁当を食べながら、サービスマネジャーと話をしている所です。それでそろそろ全体で話をして行こうと思ってビデオを使おうと思うのですが、やっぱり最初はバクジーでしょうか？　何かお薦めはないでしょうか？加古川のような店、いやそれ以上にしたいです。頑張ります！

2007年6月11日

ありがとうございます！　実は姫路店に来て5カ月が過ぎて、何か少し疲れていました。元気になりました。ありがとうございます。いよいよ、やはりバグジーから始めます。その前にとビデオを2年ぶり位に見てみました。改めて納得しましたし、自分のやっている事、やろうとしている事がまさにバクジーでした。またやる気がでてきました！　頑張ります。

2007年7月9日

望月社長様、近況報告します。姫路店少しずつ前進しています。最近、「優しくなろう」とか「やっぱりコミュニケーションやで」とか、あちらこちらでスタッフが口にするようになってきました。土地柄もありますが、加古川店よりは少し早いペースで進む様な気がしています。慌てはしませんが、ここでバクジーを見たら効果がありそうです。頑張ります！

2007年10月3日

望月社長殿お元気ですか？　姫路店少し前進しました。今日やっと販・サ・全体でのミーティングができました。その中で営業もサービスも若い子達が「やっぱりコミュニケーションや」とみんなの前で言ってくれました。いい感じになってきました。頑張ります！

2007年10月20日

望月社長殿、こんにちは！　お元気ですか？　昨日、2006年3月作成の神戸トヨペット経営品質DVDを見ました。その内容を確認する度、思い出しました。気持ちはずっとありましたが、何か忘れかけたものが蘇ってきて鳥肌がたちました。加古川店での最初の場面を見た時、初心に戻れ「やるか！」と思い直しました。望月社長のお顔、声を画面からではありますが聞いて、拝見させていただきなつかしく、更に信じてやろうと決意を新にしました。お会いできる日を楽しみにしております！

2007年11月9日

こんばんは！　今日いよいよ姫路店で私の経営品質活動を形としてスタートしました。バクジーを見てもらって、あと5、6人ずつ1時間、話合ってもらいました。終わった時の皆の表情を見て、みんな笑顔だったのでまずは成功です。月1回ずつ、こういう機会を持って行こうと宣言しました。10カ月間下地づくりはしていましたが、タイミングは良かったです。ぼちぼちやります！頑張ります！　やはり私の基本はバクジーです。

2007年12月末

望月社長殿、年末の慌しい中いかがお過ごしでしょうか？　私も姫路店にきて、今月末で1年が経ちます。この1年何ができたかなあと振りかえりながら来年を今描いています。姫路店は営業、サービス、女性スタッフ、U—CAR商品課、法人営業部、登録業務、CAFEと同じ敷地内にあって総勢49人ですが、昨年まで忘年会参加が少なかったみたいですが、今年はほとんどが部門関係なしで参加して喜んでくれました。そういう雰囲気には少しできたのかなあと思います。それによってまたお互い会話ができているような感じです。私の経営品質は11月にバグジーでスタートして、今月はむずかしい事ではなく「ポーラ・エキスプレス」というクリスマスのDVDを鑑賞してもらう予定です。来年からも毎月1回、日を決めて共有できる時間を、そして話できる時間をつくっていこうと考えています。で次は、リッツ・カールトンで、という具合に何回かは我々が研修をしていただいたようにDVDを使っていけばいいでしょうか？　ちなみに今年のスローガンは「楽しく前進」でした。来年は「ありがとう・すいません・素直な心で」いきます。一生懸命努めます。寒い日、風邪など召さぬ様お身体ご自愛下さい

2008年6月6日

望月社長様、昨年バクジーからスタートして、今日5本目でネッツ南国のビデオ見て、感じて、短い時間でしたが対話してくれました。集まりもよくなってきました。さまざまな部署が集まり48人真剣に見てくれていました！　話したあとのみんなの顔が笑顔でした少しず

つですが前進しています。砂に水、ザルに水、信じて進みます。

2009年6月18日

望月社長殿、田んぼの蛙の声が聞こえる今日ですが社長いかがお過ごしでしょうか？　ただ蛙の声も例年に比べ元気がないように感じますがきっと我々の心が元気ないのかもしれませんね。これではあきませんし、と毎日自分を信じ、スタッフを信じて頑張っています。近況は世間と同じく大変厳しいです。が我が姫路店は元気です。15日店舗歓送迎会があり、今年後半戦に向けて、V2目指して頑張ろうとみんなで盛り上がりました。姫路店に来て2年半、まちがいなく良くなって来ています。社長、最近感じる事は信念を持ってやる事と、いかに継続する事が大切なのか解かってきました。まだまだですが更にお客様に愛される店全社No.1になるよう導いていきます。

2009年11月13日

社長、お元気ですか？　今日の日刊自動車新聞の「店長百傑」という所に登場させていただきました。嬉しい事です。さらにさらに、会話、会話をすすめていきます。ありがとうございます。ざるに水、頑張ります。

以上です。いかかでしょうか？　チームの移り変わりと業績のリンクが手に取るようにわかります。「A Great Place to Work」への道とはこのようなことの積み重ねしかありません。

本書に掲載を快くご承諾いただいた神戸トヨペット株式会社西村公秀社長と谷川さまに感謝いたします。

あとがき

私は、２０１４年の6月をもって静鉄ストアの経営における任務を完了し、今後の仕事のため故郷の静岡を離れ、東京に戻ることになりました。

静鉄ストアでは多くの社員のみなさんから、一生の思い出に残るほどの熱い送別会をやっていただきました。

さらに、数日してあるお客様からのお手紙が私の手元に届きました。

本書でも少し触れていますが、以前出版した『超お客様満足主義』『ありがとうの力』『文句ばかりの会社は儲からない』などの著書で詳細にご紹介した情報カードを実際に活用して風土改革を成し遂げたという内容でした。

私は直接お会いしたこともない方から、本当にうれしいプレゼントとも言えるお手紙をいただきました。

ご本人さまに確認したところ、本書で紹介してもかまわないという言葉を賜りましたので、あとがきに変えて、ここでご紹介させていただきます。

拝　啓

平素は大変お世話になっております。

以前、静鉄ストアの店長様のお取り計らいで望月会長様からお名刺と小冊子「オープンセミナー講演録（京都経営品質協議会）文句ばかりの会社は儲からない」を頂戴いたしました。その節は誠にありがとうございました。取るものも取りあえずお礼のお手紙を書かせていただきましたが大変恐縮致しました。

そのお手紙にも書かせていただきましたが、はじまりは、今は亡き会社の先輩からの新聞の切り抜き、望月会長様が静鉄ストア様の社長様に就任されるという記事でした。その先輩からは時々新聞の切り抜きや書物を紹介されることがありましたが、なぜかこの時の記事が心に残り、望月会長様がお書きになった本を数冊買わせていただきました。

当時の店長様にその旨をお伝えしたところ望月会長様からお心をいただくことになりました。感激致しました。

実は、このことで私は大きなことがございました。

望月会長様が実践されておられた情報カードを、当時管理していた部門で実際に使わせていただきました。しかしこの部門は、社長から立て直しの指示が出ていた厳しい部門で、それまでいろいろな管理者がチャレンジしていましたが、結果を出せない状況が続いておりました。

先の記事に出会ったのは、私にその役割が回ってきた頃でした。

しかし、担当して早々に深刻な状況を目の当たりにし大変に悩みました。低迷する状態を打開させる手段はなかなか見出せない状況がありました。

いろいろな本も調べ、良さそうな本を買い求めました。

元々参考にしているある方の研究があり、そのことに照らして考えました。望月会長様のご研究、具体的な手続き、特に情報カードは大きな力を発揮するのではないかという思いに至りました。

一年間、特に青カード作成に力を入れ、毎週末のミーティングには、この発表会を行いました。変わったのは社員の心です。それまであまり無かったコミュニケーションが改善して行きました。バラバラだった意志がまとまって行くのを感じました。

仕事が上手く回るようになり、社員を誉めてくださるお客様が増えて行きました。

結果、その年の業績は黒字の報告ができ、利益率では社内のすべての部門（17部門ございます）の中でトップになることができました。部門の所属社員には決算賞与を出すことができ、良い結果を共有することができました。ちなみに前年は赤字で、社内の序列では15~16番であったと記憶しておりますので大きく回復することができました。

望月会長様から具体的で効果的な実践方法を教えていただいたおかげでございます。ありがとうございました。心から感謝申し上げます。そして、この方法は汎用的な効果のある手法であると思われました。しかし一方で、社員の理解を得て組織の中に根付かせる工夫が必要であることも実感いたしました。今後も望月会長様のご研究を参考にさせていただきたいと考えております。

先日望月会長様が六月中旬で退任される旨のお話を伺いました。しっかりと御礼を申し上げることもできず、心苦しい限りでしたので、改めてお手紙を書かせていただきました。お忙しい時に大変恐縮でございますが、お手透きの際にお読みいただけましたら幸いでございます。

これからの益々のご発展とご活躍を心からお祈り申し上げます。お身体お厭いくださいませ。

敬具

平成二十六年六月八日

本書で私が、読者のみなさんにお伝えしたかったことはまさしくこのような風土変革への挑戦の重要性です。読者のみなさんの変革に具体的にお役に立てることそのものが、何よりうれしいことであり、著者冥利に尽きます。心より御礼申し上げます。

望月広愛

【著者紹介】

望月広愛 Hirochika Mochizuki

株式会社MATコンサルティング代表取締役社長

1959年静岡県静岡市生まれ。1981年北海道大学卒業
同年、ヤマハ株式会社入社。1989年(株)三和総合研究所(現在の三菱UFJリサーチ&コンサルティング)入社、東京経営戦略本部主任研究員、チーフコンサルタント、CSマーケティング室長などを歴任。

1999年総合飲食チェーンを展開する(株)J・アートレストランシステムズ代表取締役社長に就任し、経営品質活動を展開、債務超過脱却と8年連続経常増益をもたらす。

2005年、同社は外食産業としては初となる日本経営品質賞中小規模部門を受賞。

2008年同社を退任し(株)MATコンサルティング代表取締役社長就任。

2009年度名古屋商科大学大学院Teaching Award受賞。

2010年6月より株式会社静鉄ストア代表取締役社長。

2013年4月より同社代表取締役会長。

2014年6月　同社取締役を退任し、MATコンサルティング代表取締役に復帰。

2016～2017年度　中央大学大学院戦略経営研究科客員教授。

2004～2018年度　名古屋商科大学大学院マネジメント研究科講師・客員教授。

コンサルティングだけでなく、経営者として小・中・大企業の経営を自ら実践してきている。

公益財団法人日本生産性本部経営品質協議会認定セルフアセッサー
公益財団法人日本生産性本部委嘱コンサルタント
No.JQAC00068 日本行動計量学会会員、日本経営品質学会会員　他
<著書>
『「ありがとう」の力』(生産性出版)
『文句ばかりの会社は儲からない!―従業員満足のための顧客満足』(生産性出版)
『働きたくなるこれからの保険業』(生産性出版)
『これが実践!超お客様満足主義―経営品質の理念が会社を救う』(同友館)
『勝つための価格戦略とそのメカニズム』(日本コンサルタントグループ)
保険のメールマガジン「インスウォッチ」にも長年執筆を続けている。他、論文執筆多数。

「最良だから最強」な組織づくりの定石

二〇一五年五月二十九日　初版第1刷発行
二〇二一年九月十日　第4刷発行

著　者／望月広愛
発行者／髙松克弘
発行所／生産性出版
(〒102-8643)東京都千代田区平河町二―十三―十二
日本生産性本部
電話(〇三)三五一一―四〇三四
https://www.jpc-net.jp

印刷・製本／文唱堂印刷株式会社

ISBN　978-4-8201-2041-4